40 Best Machine Code Routines for the 64

First Published in 1984 by Gerald Duckworth & Co. Ltd.

This Remastered Edition
Published by
Acorn Books
www.acornbooks.co.uk

Copyright © 1984, 2021 Mark Greenshields

All rights reserved. No part of this publication may be reproduced, stored in a retrieval system, or transmitted, in any form or by any means without the prior written permission of the publisher, nor be otherwise circulated in any form of binding or cover other than that in which it is published and without a similar condition being imposed on the subsequent purchaser. Any person who does so may be liable to criminal prosecution and civil claims for damages.
All trademarks remain the property of their respective owners.

This book is a page-by-page reproduction of the original 1984 edition as published by Gerald Duckworth & Co. Ltd. The entirety of the book is presented with no changes, corrections nor updates to the original text, images and layout save for a renumbering of the pages; therefore no guarantee is offered as to the accuracy of the information within.

40 Best Machine Code Routines for the 64

Mark Greenshields

Contents

Preface — viii

Supermon: an assembler/disassembler written in machine code by Jim Butterfield for the 64. — 1

ROM Routines — 16

1. Fill: fills an area of memory with a byte. — 17

2. Move: allows you to move an area of memory to another location. — 20

3. Pause: allows you to pause a listing at any time by just pressing a shift key. — 24

4. Function keys: This program allows you to program the function keys. — 26

5. IRQ clock: displays a clock in 24 hour format at the top of the screen whether a program is running or not. — 32

6. Pixel scroll left: scrolls the screen one pixel to the left. — 38

7. Pixel scroll right : scrolls the screen one pixel to the right. — 41

8. Pixel scroll up: scrolls the contents of the screen one pixel up. — 46

9. Pixel scroll down: scrolls the screen one pixel down. — 49

10. Colour: sets the screen, border, text, multicolours 1, 2 and 3 in one command without PEEKs and POKEs. — 52

11. Copy: allows you to copy any part or all of the

character ROM down to any location in RAM. 54

12. Sprite/char detect: tells you what character a sprite is passing over or under, not just if it is touching. 58

13. Doke: allows you to POKE a 16 bit number into memory easily. 65

14. Deek: complements Doke, and allows you to read the 16 bit number contained in two consecutive locations. 67

15. 3-channel IRQ tune: plays a tune using all three channels. It does not tie up the computer, so you could type in another program while listening to this one. 69

16. List alter: allows you to list programs to the screen or printer in any column width. 74

17. Old: allows you to recover a program accidentally newed. It can be loaded after you have newed the program and still work. 76

18. Graph: turns the high res screen on. 78

19. NRM: turns the high-res screen off and returns to the text screen. 80

20. CLG: clears the high-res screen and colours it as specified. 81

21. Plot: plots a point on the high res screen. 84

22. Unplot: extends the above to allow a point to be removed from the high-res screen. 90

23. CHAR: puts a text or UDG character onto the high-res screen. 91

24. Change bank: changes the Video bank in one simple command. The Copy command above can be used to

move the character set to the new bank.   98

25. Invert: allows you to invert all or part of the high-res screen.   100

26. Organ: this routine is interrupt driven and allows you to play music even while programming or running another program.   103

27. Sound: makes sound much easier on the 64. It uses preset ADSR's etc. You only need to specify the voice, the volume, the frequency and the waveform.   106

28. Envelope: does the same as the sound function except that you can specify the envelope of your choice.   112

29. DIR: reads and displays the disk directory of one or both drives without disturbing the program in memory.   120

30. MSAVE: allows you to save any area of memory onto disk or cassette.   125

31. MLOAD/MVERIFY: allows you to load to any part of memory from disk or cassette.   127

32. DISK: allows you to send a command to the disk drive, e.g. format a disk.   129

33. DERROR: allows you to read the disk error channel within a program or directly.   131

34. Scroll message: allows a message to be scrolled along the second bottom line of the screen even if a program is running.   133

35. Flash screen: allows you to flash the screen colour. You set colour 1, colour 2 and the number of times a second for the flash.   139

36. Flash border: as above but for the border.   143

37. Flash characters: allows you to flash the characters on the screen.   147

38. Flash colour: allows you to flash the colour of the characters on the screen. You specify colour 1, colour 2 and the number of changes per second.   151

39. Print at: allows you to print text anywhere on the screen without all those weird symbols.   157

40. Split screen: allows you to split the screen into text and screen using raster interrupts. You specify where the change is to take place and whether text or high res is at the top or the bottom.   159

Preface

This book is not intended to teach you machine code on the CBM 64. It contains 40 machine code routines that can be used in your Basic or machine code programs to do things that are not implemented in the standard BASIC or operating system in your Commodore 64.

The book includes a listing of Supermon which is a public domain assembler/disassembler written by Jim Butterfield (thanks Jim). It can be used to enter the programs in this book if you do not possess an assembler. The listings are all given twice: once in an assembled listing from the PAL assembler from Proline Software (this, along with POWER, is the best machine code development package that I have seen), and once in a disassembled version suitable for entering with Supermon or similar.

I hope that you find the book useful and that the routines help to improve your programs.

Acknowledgments

I would like to thank my parents Jack and Sheila Greenshields, my sister Louise, Graeme Douglas, William Drummond, Mark Kelly and all my relations for their encouragement.

M.G.

I would like to dedicate this book to my grandparents, Roy and Gracie Reid.

Supermon

There follows a listing of Supermon which is a public domain assembler/disassembler/monitor. Thanks to Jim Butterfield for this program. The Basic program which follows is used to enter this assembler. You will need this assembler or a similar one to enter all the programs in this book.

Supermon is listed as a hex dump, which is a listing of hexadecimal numbers. This makes it easy to enter into a Basic loader program.

To enter Supermon, type in the following commands in direct mode (where <return> means press the return key), and then type in the Basic loader and save it.

    POKE 43,1 <return>
    POKE 44,32 <return>
    POKE8192,0 <return>
    NEW <return>

Now run the loader and you will see the prompt:

    .0800 ?

You will see that the first number corresponds with the first number in the Supermon listing. This is where you type the data. The first three lines that you would type are as follows. Type the program in without spaces.

    .0800 ? 001A086400992293
    .0808 ? 121D1D1D1D535550
    .0810 ? 45522036342D4D4F

Don't worry if you don't understand what you are typing in. Just type exactly what is printed and it will work. It is worth it as writing machine code using an assembler is far easier than doing it by hand. Once you have finished typing in the program you will be prompted with:

SAVE TO TAPE OR DISK ?

Press T if you are using cassette and have a blank cassette in the recorder. Press D if you are using disk and make sure that a formatted disk with at least 11 blocks free is in the drive.

If you pressed T you will be prompted with PRESS PLAY ON TAPE and if you pressed D the drive will start whirring. The program is now being saved to tape or disk. If an error occurs then typing RUN100 will allow you to save the program again. It can be loaded in the normal way.

LOAD"SUPERMON",1 OR LOAD"SUPERMON",8

Then run the program. Some writing will appear on the screen and a '.' prompt will appear.

To make spare copies of Supermon just load the program and save it as if it was Basic.

Supermon is given here as a relocatable loader: it can be located anywhere in RAM. To adjust where it is to be located in memory, find the starting address and add 2065 to it. Use the following formula to calculate the two numbers necessary:

```
LO = INT(number/256)
HI = ((number/256)-LO)*256
```

Now POKE 55 with the value of LO and POKE 56 with the value of HI and run Supermon.

To restart Supermon, type SYS starting address + 1. The normal value to start Supermon is SYS 38893.

Instructions for using Supermon

Supermon commands are all one-letter commands usually

followed by parameters.

The first command that we will look at is 'A'. This stands for ASSEMBLE and is the most frequently used command in any assembler. It will be used for entering almost all the programs in this book. The syntax for 'A' is as follows:

   A (start address in hex) (mnemonic) (operand).

e.g. A 1000 LDA #$10

The address is the starting address in hex. The mnemonic is the assembly language command and the operand is the number associated with the command if there is one.

After you press return from the first line, if it is incorrect syntax, the computer will prompt you with an 'A' and the next address. Therefore you need only enter the starting address, the assembler does the rest. To leave the assembly press the return key.

Here is a simple example program which shows you how the assembler works.

   .A 1000 LDA #$00
   .A 1002 STA $D020
   .A 1005 STA $D021
   .A 1008 RTS

This program makes the screen and the border black. Type it in to see how to use the assembler. If you make an error the computer will print a question mark. If this happens use the normal screen editor and change the mistake and delete the question mark. Press return and if the next address is prompted then the line is now correct.

Now that you have typed this in, you may want to save the program. The command to do this is 'S'. The syntax is as follows:

   S"name",device,start,end + 1

The total length of the name must not exceed 16 or a question mark will be printed. The device is the device that the computer is to save to: 01 is tape and 08 is disk. The 0's before the number are essential for correct syntax. The start is the starting address in hex of the save. The end + 1 is the end address plus 1 that the computer is to save to. The reason that you must save up to the end + 1 is that the ROM routine used to save to memory saves up to but not including the end address specified. All the parameters must be separated by a comma.

The next command is the command to execute a program in machine code from the assembler. It is 'G' and has the syntax:

  G address to start at.

If you want to return control to the monitor when the program has been run then make the last command of the program a BRK command instead of an RTS.

The next command allows you to see a program in memory. It is 'D' and has the syntax:

  D start

e.g. D 1000

This command clears the screen and prints a page of commands. To see more press D and return.

The next command is the same as 'D' except that it prints a continuous listing without clearing the screen. The command is 'P' and it has the syntax:

  P start end

It is mainly used when you want a printer listing. To print a disassembly to the printer type the following in Basic:

  OPEN4,4 : CMD4 : SYS38893

(The SYS assumes that the monitor is at its default position in memory. If it isn't, use your address.)

The printer will print something and then you can type what you want. You can use 'P' or 'M' (coming up next). To disable the printer when it has finished type 'X' <return> (explained later) and type CLOSE4. <return>.

Often you will want a listing of memory in hex (which Supermon was listed in). This is done with the 'M' command which has the syntax:

   M start end

where start and end are in hex. This command may also be used to the printer. You may also change memory by using this command and then typing over values and pressing return at the end of each line.

The monitor has a command to fill areas of memory with a number. It is 'F' and it has the syntax:

   F start end byte

where start and end are addresses in hex and byte is a byte in hex.

Supermon can move parts of memory to another part. The command is 'T' which stands for transfer memory. It has the syntax:

   T oldstart oldend newstart

where oldstart, oldend and newstart are addresses in hex.

If you want to find the contents of the registers at any time, type the command 'R' on its own.

If you are working in the assembler and you want to load a program into memory where it came from, there are two ways to do this:

1. return to Basic and type LOAD"name",device,1

e.g. To load the file hello from tape type LOAD"HELLO",1,1

2. use the command 'L' in the monitor. It has the syntax:

   L"name",device

where device is 01 for tape and 08 for disk.

To exit the assembler and return to Basic type X <return> or press run/stop and restore.

Summary of SUPERMON commands.

Command Syntax	Meaning
A Assemble Mnemonics into memory	A 1000 LDA #$10
D Disassemble memory	D 1000
M Display hex from memory	M 1000 2000
S Save memory to device	S"name",08,1000,2000
L Load memory from device	L"name",01
P Print disassembly of memory	P 1000 2000
F Fill memory	F 3000 4000 FF
T Transfer memory to memory	T 1000 2000 C000
X Exit to Basic	X
R Register display	R
G Goto address	G FFD2

```
1 HE$="0123456789ABCDEF"
10 PRINT"(CLR)"
20 FORA=2049TO4587STEP8
30 GOSUB1000:REM CONVERT ADDRESS TO HEX
IN H$
40 PRINT".";H$;:INPUT A$:REM 8 HEX NUMBE
RS
50 FORX=1TO16STEP2
```

```
60 B$=MID$(A$,X,2)
70 GOSUB2000:REM CONVERT HEX NO. TO DECI
MAL
80 POKEA+X/2,HEX
90 NEXT:NEXT
100 INPUT"SAVE TO TAPE OR DISK";TD$
110 IFTD$="D"ORTD$="T"THEN120
115 GOTO100
120 IFTD$="D"THENDEV=8
130 IFTD$="T"THENDEV=1
140 FORA=0TO34:READB:POKEA+49152,B:NEXT:
POKE49153,DEV:INPUT"ARE YOU SURE";S$
150 IFS$="N"THEN100
160 SYS49152: REM SAVE ASSEMBLER
170 PRINT"MACHINE CODE SAVED"
180 PRINT"IT MAY BE LOADED FROM TAPE OR
DISK IN THE NORMAL WAY LIKE A BASIC"
190 PRINT"PROGRAM AND THEN RUN"
200 END
1000 N1=INT(A/4096):N6=(A/4096-N1)*16:N2
=INT(N6):N3=INT((N6-N2)*16)
1010 N4=(((N6-N2)*16)-N3)*16
1030 H$=MID$(HE$,N1+1,1)+MID$(HE$,N2+1,1
)+MID$(HE$,N3+1,1)+MID$(HE$,N4+1,1)
1040 RETURN
2000 FORV=1TO16:B=V-1:IFLEFT$(B$,1)=MID$
(HE$,V,1)THEN2020
2010 NEXT
2020 HEX=B*16
2030 FORV=1TO16:B=V-1:IFRIGHT$(B$,1)=MID
$(HE$,V,1)THEN2050
2040 NEXT
2050 HEX=HEX+B
2060 PRINT HEX
2070 RETURN
10000 DATA 162,1,160,1,32,186,255,162,26
,160,192,169,8,32,189,255,162,236,160
10010 DATA 17,169,251,32,216,255,96,83,8
5,80,69,82,77,79,78,0
20000 OPEN15,8,15:INPUT#15,A$,B$,C$,D$:P
RINTA$,B$,C$,D$:CLOSE15
```

```
B*
    PC   SR AC XR YR SP
.;97FE 33 00 28 00 F6
.
.:0800 00 1A 08 64 00 99 22 93
.:0808 12 1D 1D 1D 1D 53 55 50
.:0810 45 52 20 36 34 2D 4D 4F
.:0818 4E 00 31 08 6E 00 99 22
.:0820 11 20 20 20 20 20 20 20
.:0828 20 20 20 20 20 20 20 20
.:0830 00 4B 08 78 00 99 22 11
.:0838 20 2E 2E 4A 49 4D 20 42
.:0840 55 54 54 45 52 46 49 45
.:0848 4C 44 00 66 08 82 00 9E
.:0850 28 C2 28 34 33 29 AA 32
.:0858 35 36 AC C2 28 34 34 29
.:0860 AA 31 32 37 29 00 00 00
.:0868 AA AA AA AA AA AA AA AA
.:0870 AA AA AA AA AA AA AA AA
.:0878 AA AA AA AA AA AA AA AA
.:0880 A5 2D 85 22 A5 2E 85 23
.:0888 A5 37 85 24 A5 38 85 25
.:0890 A0 00 A5 22 D0 02 C6 23
.:0898 C6 22 B1 22 D0 3C A5 22
.:08A0 D0 02 C6 23 C6 22 B1 22
.:08A8 F0 21 85 26 A5 22 D0 02
.:08B0 C6 23 C6 22 B1 22 18 65
.:08B8 24 AA A5 26 65 25 48 A5
.:08C0 37 D0 02 C6 38 C6 37 68
.:08C8 91 37 8A 48 A5 37 D0 02
.:08D0 C6 38 C6 37 68 91 37 18
.:08D8 90 B6 C9 4F D0 ED A5 37
.:08E0 85 33 A5 38 85 34 6C 37
.:08E8 00 4F 4F 4F 4F AD E6 FF
.:08F0 00 8D 16 03 AD E7 FF 00
.:08F8 8D 17 03 A9 80 20 90 FF
.:0900 00 00 D8 68 8D 3E 02 68
.:0908 8D 3D 02 68 8D 3C 02 68
.:0910 8D 3B 02 68 AA 68 A8 38
```

```
.:0928 02 20 57 FD 00 A2 42 A9
.:0930 2A 20 57 FA 00 A9 52 D0
.:0938 34 E6 C1 D0 06 E6 C2 D0
.:0940 02 E6 26 60 20 CF FF C9
.:0948 0D D0 F8 68 68 EA EA EA
.:0950 EA EA A9 00 00 85 26 A2
.:0958 0D A9 2E 20 57 FA 00 EA
.:0960 EA EA EA EA 20 3E F8 00
.:0968 C9 2E F0 F9 C9 20 F0 F5
.:0970 A2 0E DD B7 FF 00 D0 0C
.:0978 8A 0A AA BD C7 FF 00 48
.:0980 BD C6 FF 00 48 60 CA 10
.:0988 EC 4C ED FA 00 A5 C1 8D
.:0990 3A 02 A5 C2 8D 39 02 60
.:0998 A9 08 85 1D A0 00 00 20
.:09A0 54 FD 00 B1 C1 20 48 FA
.:09A8 00 20 33 F8 00 C6 1D D0
.:09B0 F1 60 20 88 FA 00 90 0B
.:09B8 A2 00 00 81 C1 C1 C1 F0
.:09C0 03 4C ED FA 00 20 33 F8
.:09C8 00 C6 1D 60 A9 3B 85 C1
.:09D0 A9 02 85 C2 A9 05 60 98
.:09D8 48 20 57 FD 00 68 A2 2E
.:09E0 4C 57 FA 00 EA EA EA EA
.:09E8 EA A2 00 00 BD EA FF 00
.:09F0 20 D2 FF E8 E0 16 D0 F5
.:09F8 A0 3B 20 C2 F8 00 AD 39
.:0A00 02 20 48 FA 00 AD 3A 02
.:0A08 20 48 FA 00 20 B7 F8 00
.:0A10 20 8D F8 00 F0 5C 20 3E
.:0A18 F8 00 20 79 FA 00 90 33
.:0A20 20 69 FA 00 20 3E F8 00
.:0A28 20 79 FA 00 90 28 20 69
.:0A30 FA 00 EA EA EA EA EA 20
.:0A38 E1 FF F0 3C A6 26 D0 38
.:0A40 A5 C3 C5 C1 A5 C4 E5 C2
.:0A48 90 2E A0 3A 20 C2 F8 00
.:0A50 20 41 FA 00 20 8B F8 00
.:0A58 F0 E0 4C ED FA 00 20 79
.:0A60 FA 00 90 03 20 80 F8 00
.:0A68 20 B7 F8 00 D0 07 20 79
```

```
.:0A70 FA 00 90 EB A9 08 85 1D
.:0A78 20 3E F8 00 20 A1 F8 00
.:0A80 D0 F8 4C 47 F8 00 20 CF
.:0A88 FF C9 0D F0 0C C9 20 D0
.:0A90 D1 20 79 FA 00 90 03 20
.:0A98 80 F8 00 EA EA EA EA EA
.:0AA0 AE 3F 02 9A 78 AD 39 02
.:0AA8 48 AD 3A 02 48 AD 3B 02
.:0AB0 48 AD 3C 02 AE 3D 02 AC
.:0AB8 3E 02 40 EA EA EA EA EA
.:0AC0 AE 3F 02 9A 6C 02 A0 A0
.:0AC8 01 84 BA 84 B9 88 84 B7
.:0AD0 84 90 84 93 A9 40 85 BB
.:0AD8 A9 02 85 BC 20 CF FF C9
.:0AE0 20 F0 F9 C9 0D F0 38 C9
.:0AE8 22 D0 14 20 CF FF C9 22
.:0AF0 F0 10 C9 0D F0 29 91 BB
.:0AF8 E6 B7 C8 C0 10 D0 EC 4C
.:0B00 ED FA 00 20 CF FF C9 0D
.:0B08 F0 16 C9 2C D0 DC 20 88
.:0B10 FA 00 29 0F F0 E9 C9 03
.:0B18 F0 E5 85 BA 20 CF FF C9
.:0B20 0D 60 6C 30 03 6C 32 03
.:0B28 20 96 F9 00 D0 D4 EA EA
.:0B30 EA EA EA A9 00 00 20 EF
.:0B38 F9 00 A5 90 29 10 D0 C4
.:0B40 4C 47 F8 00 20 96 F9 00
.:0B48 C9 2C D0 BA 20 79 FA 00
.:0B50 20 69 FA 00 20 CF FF C9
.:0B58 2C D0 AD 20 79 FA 00 A5
.:0B60 C1 85 AE A5 C2 85 AF 20
.:0B68 69 FA 00 20 CF FF C9 0D
.:0B70 D0 98 EA EA EA EA EA 20
.:0B78 F2 F9 00 4C 47 F8 00 A5
.:0B80 C2 20 48 FA 00 A5 C1 48
.:0B88 4A 4A 4A 4A 20 60 FA 00
.:0B90 AA 68 29 0F 20 60 FA 00
.:0B98 48 8A 20 D2 FF 68 4C D2
.:0BA0 FF 09 30 C9 3A 90 02 69
.:0BA8 06 60 A2 02 B5 C0 48 B5
.:0BB0 C2 95 C0 68 95 C2 CA D0
```

10

```
.:0BB8 F3 60 20 88 FA 00 90 02
.:0BC0 85 C2 20 88 FA 00 90 02
.:0BC8 85 C1 60 A9 00 00 85 2A
.:0BD0 20 3E F8 00 C9 20 D0 09
.:0BD8 20 3E F8 00 C9 20 D0 0E
.:0BE0 18 60 20 AF FA 00 0A 0A
.:0BE8 0A 0A 85 2A 20 3E F8 00
.:0BF0 20 AF FA 00 05 2A 38 60
.:0BF8 C9 3A 90 02 69 08 29 0F
.:0C00 60 A2 02 2C A2 00 00 B4
.:0C08 C1 D0 08 B4 C2 D0 02 E6
.:0C10 26 D6 C2 D6 C1 60 20 3E
.:0C18 F8 00 C9 20 F0 F9 60 A9
.:0C20 00 00 8D 00 00 01 20 CC
.:0C28 FA 00 20 8F FA 00 20 7C
.:0C30 FA 00 90 09 60 20 3E F8
.:0C38 00 20 79 FA 00 B0 DE AE
.:0C40 3F 02 9A EA EA EA EA EA
.:0C48 A9 3F 20 D2 FF 4C 47 F8
.:0C50 00 20 54 FD 00 CA D0 FA
.:0C58 60 E6 C3 D0 02 E6 C4 60
.:0C60 A2 02 B5 C0 48 B5 27 95
.:0C68 C0 68 95 27 CA D0 F3 60
.:0C70 A5 C3 A4 C4 38 E9 02 B0
.:0C78 0E 88 90 0B A5 28 A4 29
.:0C80 4C 33 FB 00 A5 C3 A4 C4
.:0C88 38 E5 C1 85 1E 98 E5 C2
.:0C90 A8 05 1E 60 20 D4 FA 00
.:0C98 20 69 FA 00 20 E5 FA 00
.:0CA0 20 0C FB 00 20 E5 FA 00
.:0CA8 20 2F FB 00 20 69 FA 00
.:0CB0 90 15 A6 26 D0 64 20 28
.:0CB8 FB 00 90 5F A1 C1 81 C3
.:0CC0 20 05 FB 00 20 33 F8 00
.:0CC8 D0 EB 20 28 FB 00 18 A5
.:0CD0 1E 65 C3 85 C3 98 65 C4
.:0CD8 85 C4 20 0C FB 00 A6 26
.:0CE0 D0 3D A1 C1 81 C3 20 28
.:0CE8 FB 00 B0 34 20 B8 FA 00
.:0CF0 20 BB FA 00 4C 7D FB 00
.:0CF8 20 D4 FA 00 20 69 FA 00
```

11

```
.:0D00 20 E5 FA 00 20 69 FA 00
.:0D08 20 3E F8 00 20 88 FA 00
.:0D10 90 14 85 1D A6 26 D0 11
.:0D18 20 2F FB 00 90 0C A5 1D
.:0D20 81 C1 20 33 F8 00 D0 EE
.:0D28 4C ED FA 00 4C 47 F8 00
.:0D30 20 D4 FA 00 20 69 FA 00
.:0D38 20 E5 FA 00 20 69 FA 00
.:0D40 20 3E F8 00 A2 00 00 20
.:0D48 3E F8 00 C9 27 D0 14 20
.:0D50 3E F8 00 9D 10 02 E8 20
.:0D58 CF FF C9 0D F0 22 E0 20
.:0D60 D0 F1 F0 1C 8E 00 00 01
.:0D68 20 8F FA 00 90 C6 9D 10
.:0D70 02 E8 20 CF FF C9 0D F0
.:0D78 09 20 88 FA 00 90 B6 E0
.:0D80 20 D0 EC 86 1C EA EA EA
.:0D88 EA EA 20 57 FD 00 A2 00
.:0D90 00 A0 00 00 B1 C1 DD 10
.:0D98 02 D0 0C C8 E8 E4 1C D0
.:0DA0 F3 20 41 FA 00 20 54 FD
.:0DA8 00 20 33 F8 00 A6 26 D0
.:0DB0 8D 20 2F FB 00 B0 DD 4C
.:0DB8 47 F8 00 20 D4 FA 00 85
.:0DC0 20 A5 C2 85 21 A2 00 00
.:0DC8 86 28 A9 93 20 D2 FF EA
.:0DD0 EA EA EA EA A9 16 85 1D
.:0DD8 20 6A FC 00 20 CA FC 00
.:0DE0 85 C1 84 C2 C6 1D D0 F2
.:0DE8 A9 91 20 D2 FF 4C 47 F8
.:0DF0 00 A0 2C 20 C2 F8 00 20
.:0DF8 54 FD 00 20 41 FA 00 20
.:0E00 54 FD 00 A2 00 00 A1 C1
.:0E08 20 D9 FC 00 48 20 1F FD
.:0E10 00 68 20 35 FD 00 A2 06
.:0E18 E0 03 D0 12 A4 1F F0 0E
.:0E20 A5 2A C9 E8 B1 C1 B0 1C
.:0E28 20 C2 FC 00 88 D0 F2 06
.:0E30 2A 90 0E BD 2A FF 00 20
.:0E38 A5 FD 00 BD 30 FF 00 F0
.:0E40 03 20 A5 FD 00 CA D0 D5
```

```
.:0E48 60 20 CD FC 00 AA E8 D0
.:0E50 01 C8 98 20 C2 FC 00 8A
.:0E58 86 1C 20 48 FA 00 A6 1C
.:0E60 60 A5 1F 38 A4 C2 AA 10
.:0E68 01 88 65 C1 90 01 C8 60
.:0E70 A8 4A 90 0B 4A B0 17 C9
.:0E78 22 F0 13 29 07 09 80 4A
.:0E80 AA BD D9 FE 00 B0 04 4A
.:0E88 4A 4A 4A 29 0F D0 04 A0
.:0E90 80 A9 00 00 AA BD 1D FF
.:0E98 00 85 2A 29 03 85 1F 98
.:0EA0 29 8F AA 98 A0 03 E0 8A
.:0EA8 F0 0B 4A 90 08 4A 4A 09
.:0EB0 20 88 D0 FA C8 88 D0 F2
.:0EB8 60 B1 C1 20 C2 FC 00 A2
.:0EC0 01 20 FE FA 00 C4 1F C8
.:0EC8 90 F1 A2 03 C0 04 90 F2
.:0ED0 60 A8 B9 37 FF 00 85 28
.:0ED8 B9 77 FF 00 85 29 A9 00
.:0EE0 00 A0 05 06 29 26 28 2A
.:0EE8 88 D0 F8 69 3F 20 D2 FF
.:0EF0 CA D0 EC A9 20 2C A9 0D
.:0EF8 4C D2 FF 20 D4 FA 00 20
.:0F00 69 FA 00 20 E5 FA 00 20
.:0F08 69 FA 00 A2 00 00 86 28
.:0F10 EA EA EA EA EA 20 57 FD
.:0F18 00 20 72 FC 00 20 CA FC
.:0F20 00 85 C1 84 C2 20 E1 FF
.:0F28 F0 05 20 2F FB 00 B0 E9
.:0F30 4C 47 F8 00 20 D4 FA 00
.:0F38 A9 03 85 1D 20 3E F8 00
.:0F40 20 A1 F8 00 D0 F8 A5 20
.:0F48 85 C1 A5 21 85 C2 4C 46
.:0F50 FC 00 C5 28 F0 03 20 D2
.:0F58 FF 60 20 D4 FA 00 20 69
.:0F60 FA 00 8E 11 02 A2 03 20
.:0F68 CC FA 00 48 CA D0 F9 A2
.:0F70 03 68 38 E9 3F A0 05 4A
.:0F78 6E 11 02 6E 10 02 88 D0
.:0F80 F6 CA D0 ED A2 02 20 CF
.:0F88 FF C9 0D F0 1E C9 20 F0
```

```
.:0F90 F5 20 D0 FE 00 B0 0F 20
.:0F98 9C FA 00 A4 C1 84 C2 85
.:0FA0 C1 A9 30 9D 10 02 E8 9D
.:0FA8 10 02 E8 D0 DB 86 28 A2
.:0FB0 00 00 86 26 F0 04 E6 26
.:0FB8 F0 75 A2 00 00 86 1D A5
.:0FC0 26 20 D9 FC 00 A6 2A 86
.:0FC8 29 AA BC 37 FF 00 BD 77
.:0FD0 FF 00 20 B9 FE 00 D0 E3
.:0FD8 A2 06 E0 03 D0 19 A4 1F
.:0FE0 F0 15 A5 2A C9 E8 A9 30
.:0FE8 B0 21 20 BF FE 00 D0 CC
.:0FF0 20 C1 FE 00 D0 C7 88 D0
.:0FF8 EB 06 2A 90 0B BC 30 FF
.:1000 00 BD 2A FF 00 20 B9 FE
.:1008 00 D0 B5 CA D0 D1 F0 0A
.:1010 20 B8 FE 00 D0 AB 20 B8
.:1018 FE 00 D0 A6 A5 28 C5 1D
.:1020 D0 A0 20 69 FA 00 A4 1F
.:1028 F0 28 A5 29 C9 9D D0 1A
.:1030 20 1C FB 00 90 0A 98 D0
.:1038 04 A5 1E 10 0A 4C ED FA
.:1040 00 C8 D0 FA A5 1E 10 F6
.:1048 A4 1F D0 03 B9 C2 00 00
.:1050 91 C1 88 D0 F8 A5 26 91
.:1058 C1 20 CA FC 00 85 C1 84
.:1060 C2 EA EA EA EA EA A0 41
.:1068 20 C2 F8 00 20 54 FD 00
.:1070 20 41 FA 00 20 54 FD 00
.:1078 EA EA EA EA EA 4C B0 FD
.:1080 00 A8 20 BF FE 00 D0 11
.:1088 98 F0 0E 86 1C A6 1D DD
.:1090 10 02 08 E8 86 1D A6 1C
.:1098 28 60 C9 30 90 03 C9 47
.:10A0 60 38 60 40 02 45 03 D0
.:10A8 08 40 09 30 22 45 33 D0
.:10B0 08 40 09 40 02 45 33 D0
.:10B8 08 40 09 40 02 45 B3 D0
.:10C0 08 40 09 00 00 22 44 33
.:10C8 D0 8C 44 00 00 11 22 44
.:10D0 33 D0 8C 44 9A 10 22 44
```

```
.:10D8 33 D0 08 40 09 10 22 44
.:10E0 33 D0 08 40 09 62 13 78
.:10E8 A9 00 00 21 81 82 00 00
.:10F0 00 00 59 4D 91 92 86 4A
.:10F8 85 9D 2C 29 2C 23 28 24
.:1100 59 00 00 58 24 24 00 00
.:1108 1C 8A 1C 23 5D 8B 1B A1
.:1110 9D 8A 1D 23 9D 8B 1D A1
.:1118 00 00 29 19 AE 69 A8 19
.:1120 23 24 53 1B 23 24 53 19
.:1128 A1 00 00 1A 5B 5B A5 69
.:1130 24 24 AE AE A8 AD 29 00
.:1138 00 7C 00 00 15 9C 6D 9C
.:1140 A5 69 29 53 84 13 34 11
.:1148 A5 69 23 A0 D8 62 5A 48
.:1150 26 62 94 88 54 44 C8 54
.:1158 68 44 E8 94 00 00 B4 08
.:1160 84 74 B4 28 6E 74 F4 CC
.:1168 4A 72 F2 A4 8A 00 00 AA
.:1170 A2 A2 74 74 74 72 44 68
.:1178 B2 32 B2 00 00 22 00 00
.:1180 1A 1A 26 26 72 72 88 C8
.:1188 C4 CA 26 48 44 44 A2 C8
.:1190 3A 3B 52 4D 47 58 4C 53
.:1198 54 46 48 44 50 2C 41 42
.:11A0 F9 00 35 F9 00 CC F8 00
.:11A8 F7 F8 00 56 F9 00 89 F9
.:11B0 00 F4 F9 00 0C FA 00 3E
.:11B8 FB 00 92 FB 00 C0 FB 00
.:11C0 38 FC 00 5B FD 00 8A FD
.:11C8 00 AC FD 00 46 F8 00 FF
.:11D0 F7 00 ED F7 00 0D 20 20
.:11D8 20 50 43 20 20 53 52 20
.:11E0 41 43 20 58 52 20 59 52
.:11E8 20 53 50 45 52 22 20 20
```

ROM Routines

The routines in this book use various ROM routines to function. They are as follows:

$AEFD: Check if the next character is a comma and skip it. Otherwise print SYNTAX ERROR and return to Basic.

$AD8A: Read next expression (variable, number, etc.) into the FAC.

$B7F7: Change the value in the FAC into a 16 bit integer (0-65535). If the number is too big then print illegal quantity error and return to Basic. Otherwise put the low byte of the number into $14 and the high byte into $15.

$B79E: Read the next expression in the BASIC text and put it as a 8 bit integer in the X register. If the number is greater than 255 then print Illegal quantity error and return to Basic.

$B7EB: This routine reads two expressions or numbers separated by a comma from the Basic text. The first is a 16 bit number and the second is an 8 bit number. The 16 bit number is stored in $14 and $15 and the 8 bit number is stored in the X register. If either or both of the numbers are out of their ranges then the program will stop and print an illegal quantity error. If the comma is missing a syntax error with be displayed. Both these errors return control to Basic.

$E1D4: This routine gets the file name, the device number and the secondary address from the Basic text. It gives an error if any of the above are wrong. It is used in preparation for loading, saving or verifying a program, as in MSAVE/MLOAD/MVERIFY.

1. Fill

The following routine allows you to fill an area of memory with a byte. It is called by the following command:

SYS 28672,start address, end address, byte

e.g. to fill the text screen with 'A' characters and the colour screen with 1 (white), type the following:

SYS 28672,1024,2023,1
SYS 28672,55296,56295,1

An error will be given if any of the numbers are too big or negative.

```
PAL  (C)1979 BRAD TEMPLETON
2
20:     7000                        .OPT P,OO
30:     7000                        *=     $7000
                              ;FILL ROUTINE
                              ;
                              ;USES $FB AND $FC
                              ;STORE TOP ADDRESS IN
                              ;828 AND 829
90:     7000 20 FD AE              JSR    $AEFD
                              ;SCAN PAST COMMA
110:    7003 20 8A AD              JSR    $AD8A
                              ;READ NUMBER AND PUT
                              ;INTO FAC
140:    7006 20 F7 B7              JSR    $B7F7
                              ;GET NUMBER FROM FAC
                              ; AND PUT IN $14AND$15
170:    7009 A5 14                 LDA    $14
170:    700B 85 FB                 STA    $FB
```

```
180:    700D A5 15                      LDA   $15
180:    700F 85 FC                      STA   $FC
                                 ;
200:    7011 20 FD AE                   JSR   $AEFD
                          ;SCAN PAST COMMA
220:    7014 20 8A AD                   JSR   $AD8A
230:    7017 20 F7 B7                   JSR   $B7F7
240:    701A A5 14                      LDA   $14
240:    701C 8D 3C 03                   STA   828
250:    701F A5 15                      LDA   $15
250:    7021 8D 3D 03                   STA   829
                                 ;
270:    7024 20 FD AE                   JSR   $AEFD
280:    7027 20 8A AD                   JSR   $AD8A
290:    702A 20 F7 B7                   JSR   $B7F7
300:    702D A5 15                      LDA   $15
300:    702F F0 03                      BEQ   MORE
300:    7031 4C 48 B2                   JMP   $B248
                          ;$B248 IS IQANT ERROR
320:    7034 A5 14        MORE          LDA   $14
320:    7036 8D 3E 03                   STA   830
330:    7039 A0 00        LOOP          LDY   #0
340:    703B AD 3E 03                   LDA   830
350:    703E 91 FB                      STA   ($FB),Y
360:    7040 20 57 70                   JSR   ADD
370:    7043 A5 FB                      LDA   $FB
370:    7045 CD 3C 03                   CMP   828
370:    7048 F0 03                      BEQ   CHECK
380:    704A 4C 39 70                   JMP   LOOP
390:    704D A5 FC        CHECK         LDA   $FC
390:    704F CD 3D 03                   CMP   829
390:    7052 F0 0B                      BEQ   FINISH
400:    7054 4C 39 70                   JMP   LOOP
410:    7057 E6 FB        ADD           INC   $FB
410:    7059 F0 01                      BEQ   FCPLUS1
420:    705B 60                         RTS
430:    705C E6 FC        FCPLUS1       INC   $FC
430:    705E 60                         RTS
440:    705F 60           FINISH        RTS
]7000-7060
```

```
B*
    PC   SR AC XR YR SP
.197FE 72 00 00 01 F6
.
7000 20 FD AE      JSR $AEFD
7003 20 8A AD      JSR $AD8A
7006 20 F7 B7      JSR $B7F7
7009 A5 14         LDA $14
700B 85 FB         STA $FB
700D A5 15         LDA $15
700F 85 FC         STA $FC
7011 20 FD AE      JSR $AEFD
7014 20 8A AD      JSR $AD8A
7017 20 F7 B7      JSR $B7F7
701A A5 14         LDA $14
701C 8D 3C 03      STA $033C
701F A5 15         LDA $15
7021 8D 3D 03      STA $033D
7024 20 FD AE      JSR $AEFD
7027 20 8A AD      JSR $AD8A
702A 20 F7 B7      JSR $B7F7
702D A5 15         LDA $15
702F F0 03         BEQ $7034
7031 4C 48 B2      JMP $B248
7034 A5 14         LDA $14
7036 8D 3E 03      STA $033E
7039 A0 00         LDY #$00
703B AD 3E 03      LDA $033E
703E 91 FB         STA ($FB),Y
7040 20 57 70      JSR $7057
7043 A5 FB         LDA $FB
7045 CD 3C 03      CMP $033C
7048 F0 03         BEQ $704D
704A 4C 39 70      JMP $7039
704D A5 FC         LDA $FC
704F CD 3D 03      CMP $033D
7052 F0 0B         BEQ $705F
7054 4C 39 70      JMP $7039
7057 E6 FB         INC $FB
7059 F0 01         BEQ $705C
```

2. Move

The following routine allows you to move an area of memory to another location. It has the syntax:

   SYS 24576,start,finish,destination address.

e.g. to move the contents of the screen to 16384 type the following:

   SYS 24576,1024,2023,16384

The three numbers or variables must be no bigger than 65535. If they are bigger then an error will be printed and control will return to Basic.

```
PAL (C)1979 BRAD TEMPLETON
2
20:     6000                        .OPT P,00
30:     6000                        *=      $6000
                                ;
                                ;ROUTINE TO MOVE ONE
                                ; AREA OF
                                ;MEMORY TO ANOTHER
                                ;
                                ;SCAN COMMA
90:     6000  20 FD AE              JSR     $AEFD
100:    6003  20 8A AD              JSR     $AD8A
110:    6006  20 F7 B7              JSR     $B7F7
120:    6009  A5 14                 LDA     $14
130:    600B  8D 78 60              STA     TEMP
140:    600E  A5 15                 LDA     $15
150:    6010  8D 79 60              STA     TEMP+1
                                ;
165:    6013  20 FD AE              JSR     $AEFD
```

```
170:    6016 20 8A AD           JSR     $AD8A
180:    6019 20 F7 B7           JSR     $B7F7
190:    601C A5 14              LDA     $14
200:    601E 8D 7A 60           STA     TEMP+2
210:    6021 A5 15              LDA     $15
220:    6023 8D 7B 60           STA     TEMP+3
225:    6026 20 FD AE           JSR     $AEFD
230:    6029 20 8A AD           JSR     $AD8A
240:    602C 20 F7 B7           JSR     $B7F7
250:    602F A5 14              LDA     $14
260:    6031 8D 7C 60           STA     TEMP+4
270:    6034 A5 15              LDA     $15
280:    6036 8D 7D 60           STA     TEMP+5
                        ;
291:    6039 AD 78 60           LDA     TEMP
291:    603C 85 FB              STA     $FB
292:    603E AD 79 60           LDA     TEMP+1
292:    6041 85 FC              STA     $FC
293:    6043 AD 7C 60           LDA     TEMP+4
293:    6046 85 FD              STA     $FD
294:    6048 AD 7D 60           LDA     TEMP+5
294:    604B 85 FE              STA     $FE
300:    604D A0 00              LDY     #0
310:    604F B1 FB      LOOP    LDA     ($FB),Y
320:    6051 91 FD              STA     ($FD),Y
330:    6053 20 60 60           JSR     ADDONE
340:    6056 A5 FB              LDA     $FB
350:    6058 CD 7A 60           CMP     TEMP+2
360:    605B F0 10              BEQ     CHECK
370:    605D 4C 4F 60           JMP     LOOP
                        ;
                        ;
400:    6060 E6 FB      ADDONE  INC     $FB
410:    6062 D0 02              BNE     MORE
420:    6064 E6 FC              INC     $FC
430:    6066 E6 FD      MORE    INC     $FD
440:    6068 D0 02              BNE     RETURN
450:    606A E6 FE              INC     $FE
460:    606C 60         RETURN  RTS
                        ;
                        ;
```

```
490:    606D A5 FC        CHECK    LDA  #FC
500:    606F CD 7B 60              CMP  TEMP+3
510:    6072 F0 03                 BEQ  FIN
520:    6074 4C 4F 60              JMP  LOOP
                                   ;
                                   ;
550:    6077              FIN  =   *
555:    6077 60                    RTS
560:    6078              TEMP =   *
16000-6078
```

READY.


```
B*
     PC   SR AC XR YR SP
.197FE   72 00 00 01 F6
.
  6000 20 FD AE       JSR $AEFD
  6003 20 8A AD       JSR $AD8A
  6006 20 F7 B7       JSR $B7F7
  6009 A5 14          LDA $14
  600B 8D 78 60       STA $6078
  600E A5 15          LDA $15
  6010 8D 79 60       STA $6079
  6013 20 FD AE       JSR $AEFD
  6016 20 8A AD       JSR $AD8A
  6019 20 F7 B7       JSR $B7F7
  601C A5 14          LDA $14
  601E 8D 7A 60       STA $607A
  6021 A5 15          LDA $15
  6023 8D 7B 60       STA $607B
  6026 20 FD AE       JSR $AEFD
  6029 20 8A AD       JSR $AD8A
  602C 20 F7 B7       JSR $B7F7
  602F A5 14          LDA $14
  6031 8D 7C 60       STA $607C
  6034 A5 15          LDA $15
  6036 8D 7D 60       STA $607D
```

```
6039 AD 78 60    LDA $6078
603C 85 FB       STA $FB
603E AD 79 60    LDA $6079
6041 85 FC       STA $FC
6043 AD 7C 60    LDA $607C
6046 85 FD       STA $FD
6048 AD 7D 60    LDA $607D
604B 85 FE       STA $FE
604D A0 00       LDY #$00
604F B1 FB       LDA ($FB),Y
6051 91 FD       STA ($FD),Y
6053 20 60 60    JSR $6060
6056 A5 FB       LDA $FB
6058 CD 7A 60    CMP $607A
605B F0 10       BEQ $606D
605D 4C 4F 60    JMP $604F
6060 E6 FB       INC $FB
6062 D0 02       BNE $6066
6064 E6 FC       INC $FC
6066 E6 FD       INC $FD
6068 D0 02       BNE $606C
606A E6 FE       INC $FE
606C 60          RTS
606D A5 FC       LDA $FC
606F CD 7B 60    CMP $607B
6072 F0 03       BEQ $6077
6074 4C 4F 60    JMP $604F
6077 60          RTS
```

3. Pause

The following routine allows a listing to be stopped at any time. It will in fact stop any output to the screen that is printed. It works by interrupting the character out routine and check to see if the shift key has been pressed. If it has then it loops until the key has been released.

The syntax is SYS 960. To disable it press run/stop and restore simultaneously.

```
PAL  (C)1979 BRAD TEMPLETON
2
20:     03C0                         .OPT P,00
30:     03C0                         *=    960
                         ;
50:     03C0 A9 CB                   LDA   #<MAIN
60:     03C2 8D 26 03                STA   806
70:     03C5 A9 03                   LDA   #>MAIN
80:     03C7 8D 27 03                STA   807
90:     03CA 60                      RTS
                         ;
110:    03CB 48         MAIN         PHA
110:    03CC 8A                      TXA
110:    03CD 48                      PHA
110:    03CE 98                      TYA
110:    03CF 48                      PHA
120:    03D0 AD 8D 02   LOOP         LDA   653
130:    03D3 C9 01                   CMP   #1
140:    03D5 F0 F9                   BEQ   LOOP
160:    03D7 68                      PLA
160:    03D8 A8                      TAY
160:    03D9 68                      PLA
160:    03DA AA                      TAX
```

```
160:    03DB 68                 PLA
170:    03DC 4C CA F1           JMP  $F1CA
]03C0-03DF
```

READY.


```
B*
     PC   SR AC XR YR SP
.197FE    72 00 00 01 F6
.
03C0 A9 CB            LDA #$CB
03C2 8D 26 03         STA $0326
03C5 A9 03            LDA #$03
03C7 8D 27 03         STA $0327
03CA 60               RTS
03CB 48               PHA
03CC 8A               TXA
03CD 48               PHA
03CE 98               TYA
03CF 48               PHA
03D0 AD 8D 02         LDA $028D
03D3 C9 01            CMP #$01
03D5 F0 F9            BEQ $03D0
03D7 68               PLA
03D8 A8               TAY
03D9 68               PLA
03DA AA               TAX
03DB 68               PLA
03DC 4C CA F1         JMP $F1CA
```

4. Function keys

The following program allows you to put commands onto the function keys. It uses the IRQ interrupt to scan the keyboard. There are listings in PAL and Supermon format to see how the program works, but it is best to enter the program as the Basic loader which follows. Any of the three ways works equally well but it is easier to change the text to go on the function keys from the Basic listing.

To turn the keys on type SYS 49152 (for the Basic listing, SYS 24576 for the other two). To turn them off press run/stop and restore.

```
PAL (C)1979 BRAD TEMPLETON
2
20:     6000                          .OPT P,OO
30:     6000                          *=    $6000
                                ;
                                ;ROUTINE TO SETUP
                                ;FUNCTION KEYS
                                ;
80:     6000 78                       SEI
90:     6001 A9 0D                    LDA   #<MAIN
100:    6003 8D 14 03                 STA   788
110:    6006 A9 60                    LDA   #>MAIN
120:    6008 8D 15 03                 STA   789
130:    600B 58                       CLI
140:    600C 60                       RTS
                                ;
                                ;
170:    600D 48           MAIN        PHA
180:    600E 8A                       TXA
190:    600F 48                       PHA
```

```
200:    6010 98                     TYA
210:    6011 48                     PHA
220:    6012 A5 C5                  LDA    $C5
230:    6014 C5 FB                  CMP    $FB
240:    6016 F0 52                  BEQ    LOOP
250:    6018 85 FB                  STA    $FB
260:    601A C9 03                  CMP    #3
270:    601C D0 08                  BNE    LOOP1
                            ;
290:    601E A9 30                  LDA    #$30
300:    6020 8D 72 60               STA    C100
310:    6023 4C 47 60               JMP    PRINT
                            ;
330:    6026 C9 04      LOOP1       CMP    #4
340:    6028 D0 08                  BNE    LOOP2
350:    602A A9 00                  LDA    #0
360:    602C 8D 72 60               STA    C100
370:    602F 4C 47 60               JMP    PRINT
                            ;
390:    6032 C9 05      LOOP2       CMP    #5
400:    6034 D0 08                  BNE    LOOP3
                            ;
420:    6036 A9 10                  LDA    #$10
430:    6038 8D 72 60               STA    C100
440:    603B 4C 47 60               JMP    PRINT
                            ;
460:    603E C9 06      LOOP3       CMP    #6
470:    6040 D0 28                  BNE    LOOP
480:    6042 A9 20                  LDA    #$20
490:    6044 8D 72 60               STA    C100
                            ;
510:    6047 AD 8D 02   PRINT       LDA    $028D
520:    604A C9 01                  CMP    #1
530:    604C D0 09                  BNE    PUTON
                            ;
550:    604E AD 72 60               LDA    C100
560:    6051 18                     CLC
560:    6052 69 08                  ADC    #8
570:    6054 8D 72 60               STA    C100
                            ;
590:    6057 A2 00      PUTON       LDX    #0
```

```
600:    6059 AC 72 60            LDY  C100
610:    605C B9 73 60  LOP       LDA  C101,Y
620:    605F 9D 77 02             STA  $0277,X
630:    6062 E8                   INX
640:    6063 C8                   INY
650:    6064 E0 08                CPX  #$08
660:    6066 D0 F4                BNE  LOP
670:    6068 86 C6                STX  $C6
680:    606A 68        LOOP       PLA
690:    606B A8                   TAY
700:    606C 68                   PLA
710:    606D AA                   TAX
720:    606E 68                   PLA
730:    606F 4C 31 EA             JMP  $EA31
                              ;
750:    6072 00        C100       .BYT 0
760:    6073 4C 49 53  C101       .ASC "LIST"
760:    6077 0D 04 04             .BYT 13,4,4,4
770:    607B 52 55 4E             .ASC "RUN"
770:    607E 0D 04 04             .BYT 13,4,4,4,4
780:    6083 50 52 49             .ASC "PRINT"
780:    6088 04 04 04             .BYT 4,4,4
790:    608B 54 48 45             .ASC "THEN"
790:    608F 04 04 04             .BYT 4,4,4,4
800:    6093 4C 4F 41             .ASC "LOAD"
800:    6097 04 04 04             .BYT 4,4,4,4
810:    609B 53 41 56             .ASC "SAVE"
810:    609F 04 04 04             .BYT 4,4,4,4
820:    60A3 56 45 52             .ASC "VERIFY"
820:    60A9 04 04                .BYT 4,4
830:    60AB 47 4F 54             .ASC "GOTO"
830:    60AF 04 04 04             .BYT 4,4,4,4
]6000-60B3
```

READY.

```
B*
    PC   SR AC XR YR SP
.197FE  72 00 00 01 F6
.
6000 78              SEI
6001 A9 0D           LDA #$0D
6003 8D 14 03        STA $0314
6006 A9 60           LDA #$60
6008 8D 15 03        STA $0315
600B 58              CLI
600C 60              RTS
600D 48              PHA
600E 8A              TXA
600F 48              PHA
6010 98              TYA
6011 48              PHA
6012 A5 C5           LDA $C5
6014 C5 FB           CMP $FB
6016 F0 52           BEQ $606A
6018 85 FB           STA $FB
601A C9 03           CMP #$03
601C D0 08           BNE $6026
601E A9 30           LDA #$30
6020 8D 72 60        STA $6072
6023 4C 47 60        JMP $6047
6026 C9 04           CMP #$04
6028 D0 08           BNE $6032
602A A9 00           LDA #$00
602C 8D 72 60        STA $6072
602F 4C 47 60        JMP $6047
6032 C9 05           CMP #$05
6034 D0 08           BNE $603E
6036 A9 10           LDA #$10
6038 8D 72 60        STA $6072
603B 4C 47 60        JMP $6047
603E C9 06           CMP #$06
6040 D0 28           BNE $606A
6042 A9 20           LDA #$20
6044 8D 72 60        STA $6072
6047 AD 8D 02        LDA $028D
604A C9 01           CMP #$01
```

```
604C D0 09          BNE $6057
604E AD 72 60       LDA $6072
6051 18             CLC
6052 69 08          ADC #$08
6054 8D 72 60       STA $6072
6057 A2 00          LDX #$00
6059 AC 72 60       LDY $6072
605C B9 73 60       LDA $6073,Y
605F 9D 77 02       STA $0277,X
6062 E8             INX
6063 C8             INY
6064 E0 08          CPX #$08
6066 D0 F4          BNE $605C
6068 86 C6          STX $C6
606A 68             PLA
606B A8             TAY
606C 68             PLA
606D AA             TAX
606E 68             PLA
606F 4C 31 EA       JMP $EA31
.
.
.
.
.:6072 00 4C 49 53 54 0D 04 04
.:607A 04 52 55 4E 0D 04 04 04
.:6082 04 50 52 49 4E 54 04 04
.:608A 04 54 48 45 4E 04 04 04
.:6092 04 4C 4F 41 44 04 04 04
.:609A 04 53 41 56 45 04 04 04
.:60A2 04 56 45 52 49 46 59 04
.:60AA 04 47 4F 54 4F 04 04 04
.:60B2 04 00 00 00 00 00 FF 00
.
```

```
10 DATA 120,169,16,141,20,3,169,192,141,
21,3,88,96,234,234,234,72,138,72,152,72
15 DATA 165,197,197,251,240,81,133,251,2
01,3,208,8,169,48,141,0,193,76,74,192
20 DATA201,4,208,8,169,0,141,0,193,76,74
,192,201,5,208,8,169,16,141,0,193,76,74
25 DATA 192,201,6,208,39,169,32,141,0,19
3,173,141,2,201,1,208,8,173,0,193,105,8
30 DATA141,0,193,162,0,172,0,193,185,1,1
93,157,119,2,232,200,224,8,208,244,134
35 DATA198,104,168,104,170,104,76,49,234

40 FORA=49152TO49267:READB:POKEA,B:NEXT
50 FORA=0TO7:READK$:FORB=1TO8:L=ASC((MID
$(K$,B,1))):IFL=95THENL=13
55 IFL=47THENL=4
60 POKE49409+(A*8)+B,L:NEXT:NEXT:POKE494
09,4:SYS49152
70 DATA"LIST←///"
80 DATA"PRINT///"
90 DATA"RUN←////"
100 DATA"THEN////"
110 DATA"LOAD////"
120 DATA"SAVE////"
130 DATA"VERIFY//"
140 DATA"GOTO////"

READY.
```

5. IRQ clock

The clock routine is updated by the IRQ interrupt which is called by the computer every 50th of a second. The routine used to print line numbers for BASIC is used to print the time (lo byte in X and high byte in A). It is not very good for using when typing in a program as the cursor is always at the top of the screen but it works fine in a program. The syntax to set the clock is as follows:

SYS 28672,hours,minutes.

The clock is in 24 hour format, so remember to enter the time in 24 hour format.

```
PAL (C)1979 BRAD TEMPLETON
2
20:     7000                        .OPT P,OO
30:     7000                        *=    $7000
                                ;
                                ;DISPLAYS A CLOCK AT
                                ;TOP LEFT
                                ;OF SCREEN
                                ;
                                ;TO SET TYPE
                                ;
                                ;SYS 24576,HOURS,MINS
                                ;
                                ;SECONDS ASSUMED ZERO
                                ;
150:    7000 20 FD AE           JSR   $AEFD
160:    7003 20 9E B7           JSR   $B79E
170:    7006 8A                 TXA
180:    7007 C9 18              CMP   #24
190:    7009 B0 14              BCS   IQERR
```

```
200:    700B 8D B7 70            STA   HOUR
                         ;
220:    700E 20 FD AE            JSR   $AEFD
230:    7011 20 9E B7            JSR   $B79E
240:    7014 8A                  TXA
250:    7015 C9 3C               CMP   #60
260:    7017 B0 06               BCS   IQERR
270:    7019 8D B8 70            STA   MINUTE
                         ;
290:    701C 4C 22 70            JMP   SETUP
                         ;
310:    701F 4C 48 B2  IQERR     JMP   $B248
                         ;
330:    7022 78        SETUP     SEI
340:    7023 A9 3F               LDA   #<MAIN
350:    7025 8D 14 03            STA   788
360:    7028 A9 70               LDA   #>MAIN
370:    702A 8D 15 03            STA   789
380:    702D AD B7 70            LDA   HOUR
400:    7030 AD B8 70            LDA   MINUTE
420:    7033 A9 00               LDA   #0
430:    7035 8D B9 70            STA   SECOND
450:    7038 A9 00               LDA   #0
450:    703A 8D BA 70            STA   COUNTER
460:    703D 58                  CLI
470:    703E 60                  RTS
                         ;
                         ;
500:    703F EE BA 70  MAIN      INC   COUNTER
510:    7042 AD BA 70            LDA   COUNTER
520:    7045 C9 3C               CMP   #60
530:    7047 B0 03               BCS   CHANGE
                         ;
550:    7049 4C 31 EA            JMP   $EA31
                         ;
570:    704C A9 00     CHANGE    LDA   #0
580:    704E 8D BA 70            STA   COUNTER
                         ;
600:    7051 EE B9 70            INC   SECOND
610:    7054 AD B9 70            LDA   SECOND
620:    7057 C9 3C               CMP   #60
```

```
630:    7059 B0 03                      BCS  MINUTECHANGE
                                ;
650:    705B 4C 8D 70                   JMP  PRINT
                                ;
670:    705E A9 00      MINUTECHA LDA  #0
680:    7060 8D B9 70                   STA  SECOND
690:    7063 EE B8 70                   INC  MINUTE
700:    7066 AD B8 70                   LDA  MINUTE
710:    7069 C9 3C                      CMP  #60
720:    706B B0 03                      BCS  HOURCHANGE
                                ;
740:    706D 4C 8D 70                   JMP  PRINT
                                ;
760:    7070 A9 00      HOURCHANG LDA  #0
770:    7072 8D B8 70                   STA  MINUTE
780:    7075 EE B7 70                   INC  HOUR
790:    7078 AD B7 70                   LDA  HOUR
800:    707B C9 18                      CMP  #24
810:    707D 90 0E                      BCC  PRINT
                                ;
830:    707F A9 00                      LDA  #0
840:    7081 8D B9 70                   STA  SECOND
850:    7084 8D B8 70                   STA  MINUTE
860:    7087 8D B7 70                   STA  HOUR
870:    708A 4C 31 EA                   JMP  $EA31
                                ;
890:    708D A9 13      PRINT     LDA  #"|
900:    708F 20 D2 FF                   JSR  $FFD2
                                ;
920:    7092 A9 00                      LDA  #0
930:    7094 AE B7 70                   LDX  HOUR
940:    7097 20 CD BD                   JSR  $BDCD
                                ;
960:    709A A9 3A                      LDA  #":
970:    709C 20 D2 FF                   JSR  $FFD2
                                ;
990:    709F A9 00                      LDA  #0
1000:   70A1 AE B8 70                   LDX  MINUTE
1010:   70A4 20 CD BD                   JSR  $BDCD
                                ;
1030:   70A7 A9 3A                      LDA  #":
```

```
1040:   70A9 20 D2 FF               JSR  $FFD2
                            ;
1060:   70AC A9 00                  LDA  #0
1070:   70AE AE B9 70               LDX  SECOND
1080:   70B1 20 CD BD               JSR  $BDCD
1090:   70B4 4C 31 EA               JMP  $EA31
                            ;
1110:   70B7 00         HOUR        .BYT 0
1120:   70B8 00         MINUTE      .BYT 0
1130:   70B9 00         SECOND      .BYT 0
1140:   70BA 00         COUNTER     .BYT 0
]7000-70BB
```

READY.

```
B*
      PC   SR AC XR YR SP
.;97FE 72 00 00 01 F6
.
7000 20 FD AE          JSR  $AEFD
7003 20 9E B7          JSR  $B79E
7006 8A                TXA
7007 C9 18             CMP  #$18
7009 B0 14             BCS  $701F
700B 8D B7 70          STA  $70B7
700E 20 FD AE          JSR  $AEFD
7011 20 9E B7          JSR  $B79E
7014 8A                TXA
7015 C9 3C             CMP  #$3C
7017 B0 06             BCS  $701F
7019 8D B8 70          STA  $70B8
701C 4C 22 70          JMP  $7022
701F 4C 48 B2          JMP  $B248
7022 78                SEI
7023 A9 3F             LDA  #$3F
7025 8D 14 03          STA  $0314
```

```
7028 A9 70        LDA #$70
702A 8D 15 03     STA $0315
702D AD B7 70     LDA $70B7
7030 AD B8 70     LDA $70B8
7033 A9 00        LDA #$00
7035 8D B9 70     STA $70B9
7038 A9 00        LDA #$00
703A 8D BA 70     STA $70BA
703D 58           CLI
703E 60           RTS
703F EE BA 70     INC $70BA
7042 AD BA 70     LDA $70BA
7045 C9 3C        CMP #$3C
7047 B0 03        BCS $704C
7049 4C 31 EA     JMP $EA31
704C A9 00        LDA #$00
704E 8D BA 70     STA $70BA
7051 EE B9 70     INC $70B9
7054 AD B9 70     LDA $70B9
7057 C9 3C        CMP #$3C
7059 B0 03        BCS $705E
705B 4C 8D 70     JMP $708D
705E A9 00        LDA #$00
7060 8D B9 70     STA $70B9
7063 EE B8 70     INC $70B8
7066 AD B8 70     LDA $70B8
7069 C9 3C        CMP #$3C
706B B0 03        BCS $7070
706D 4C 8D 70     JMP $708D
7070 A9 00        LDA #$00
7072 8D B8 70     STA $70B8
7075 EE B7 70     INC $70B7
7078 AD B7 70     LDA $70B7
707B C9 18        CMP #$18
707D 90 0E        BCC $708D
707F A9 00        LDA #$00
7081 8D B9 70     STA $70B9
7084 8D B8 70     STA $70B8
7087 8D B7 70     STA $70B7
708A 4C 31 EA     JMP $EA31
708D A9 13        LDA #$13
```

```
708F 20 D2 FF      JSR $FFD2
7092 A9 00         LDA #$00
7094 AE B7 70      LDX $70B7
7097 20 CD BD      JSR $BDCD
709A A9 3A         LDA #$3A
709C 20 D2 FF      JSR $FFD2
709F A9 00         LDA #$00
70A1 AE B8 70      LDX $70B8
70A4 20 CD BD      JSR $BDCD
70A7 A9 3A         LDA #$3A
70A9 20 D2 FF      JSR $FFD2
70AC A9 00         LDA #$00
70AE AE B9 70      LDX $70B9
70B1 20 CD BD      JSR $BDCD
70B4 4C 31 EA      JMP $EA31
70B7 00            BRK
70B8 00            BRK
70B9 00            BRK
70BA 00            BRK
```

6. Pixel scroll left

The following routine scrolls the screen to the left by one pixel every time that it is called.

To scroll the screen one pixel to the left type SYS 4096.

```
PAL (C)1979 BRAD TEMPLETON
2
20:    1000                        .OPT P,OO
30:    1000                        *=   $1000
40:    1000 AD 16 D0                LDA  53270
50:    1003 29 F8                   AND  #248
60:    1005 18                      CLC
70:    1006 6D 5B 10                ADC  BYTE
80:    1009 8D 16 D0                STA  53270
90:    100C CE 5B 10                DEC  BYTE
100:   100F AD 5B 10                LDA  BYTE
110:   1012 C9 FF                   CMP  #$FF
120:   1014 F0 01                   BEQ  RESET
130:   1016 60                      RTS
140:   1017 AD 16 D0  RESET         LDA  53270
140:   101A 29 F8                   AND  #248
140:   101C 18                      CLC
140:   101D 69 07                   ADC  #7
140:   101F 8D 16 D0                STA  53270
150:   1022 A9 07                   LDA  #7
150:   1024 8D 5B 10                STA  BYTE
160:   1027 20 2B 10                JSR  CHARSCROLL
170:   102A 60                      RTS
180:   102B A9 06     CHARSCROLLDA  #6
190:   102D 8D 44 03                STA  $0344
200:   1030 A2 00                   LDX  #0
210:   1032 A0 00                   LDY  #0
220:   1034 BD 01 04  LOOP          LDA  $0401,X
```

```
230:    1037 9D 00 04           STA  $0400,X
240:    103A BD F1 04           LDA  $04F1,X
250:    103D 9D F0 04           STA  $04F0,X
260:    1040 BD E1 05           LDA  $05E1,X
270:    1043 9D E0 05           STA  $05E0,X
280:    1046 BD D1 06           LDA  $06D1,X
290:    1049 9D D0 06           STA  $06D0,X
300:    104C E8                 INX
310:    104D C8                 INY
320:    104E C0 27              CPY  #$27
330:    1050 D0 E2              BNE  LOOP
340:    1052 E8                 INX
350:    1053 A0 00              LDY  #0
360:    1055 CE 44 03           DEC  $0344
370:    1058 D0 DA              BNE  LOOP
380:    105A 60                 RTS
390:    105B 07        BYTE     .BYTE 7
]1000-105C
```

READY.

```
B*
     PC   SR AC XR YR SP
.;97FE 72 00 00 01 F6
.
1000 AD 16 D0        LDA  $D016
1003 29 F8           AND  #$F8
1005 18              CLC
1006 6D 5B 10        ADC  $105B
1009 8D 16 D0        STA  $D016
100C CE 5B 10        DEC  $105B
100F AD 5B 10        LDA  $105B
1012 C9 FF           CMP  #$FF
1014 F0 01           BEQ  $1017
1016 60              RTS
1017 AD 16 D0        LDA  $D016
101A 29 F8           AND  #$F8
```

```
101C 18              CLC
101D 69 07           ADC #$07
101F 8D 16 D0        STA $D016
1022 A9 07           LDA #$07
1024 8D 5B 10        STA $105B
1027 20 2B 10        JSR $102B
102A 60              RTS
102B A9 06           LDA #$06
102D 8D 44 03        STA $0344
1030 A2 00           LDX #$00
1032 A0 00           LDY #$00
1034 BD 01 04        LDA $0401,X
1037 9D 00 04        STA $0400,X
103A BD F1 04        LDA $04F1,X
103D 9D F0 04        STA $04F0,X
1040 BD E1 05        LDA $05E1,X
1043 9D E0 05        STA $05E0,X
1046 BD D1 06        LDA $06D1,X
1049 9D D0 06        STA $06D0,X
104C E8              INX
104D C8              INY
104E C0 27           CPY #$27
1050 D0 E2           BNE $1034
1052 E8              INX
1053 A0 00           LDY #$00
1055 CE 44 03        DEC $0344
1058 D0 DA           BNE $1034
105A 60              RTS
105B 07              ???
```

7. Pixel scroll right

The following routine scrolls the screen to the right by one pixel.

To scroll the screen by one pixel to the right type SYS 4096.

```
PAL (C)1979 BRAD TEMPLETON
2
 20:    1000                        .OPT P,OO
 30:    1000                        *=    $1000
 40:    1000 AD 16 D0               LDA   53270
 40:    1003 29 F8                  AND   #248
 50:    1005 18                     CLC
 50:    1006 6D C9 10               ADC   BYTE
 60:    1009 8D 16 D0               STA   53270
 70:    100C EE C9 10               INC   BYTE
 80:    100F AD C9 10               LDA   BYTE
 90:    1012 C9 08                  CMP   #8
100:    1014 F0 01                  BEQ   RESET
110:    1016 60                     RTS
120:    1017 A9 00         RESET    LDA   #0
120:    1019 8D C9 10               STA   BYTE
130:    101C AD 16 D0               LDA   53270
140:    101F 29 F8                  AND   #248
150:    1021 8D 16 D0               STA   53270
160:    1024 20 28 10               JSR   CHARSCROLL
170:    1027 60                     RTS
180:    1028 A2 26        CHARSCROLL LDX  #38
190:    102A BD 00 04     LOOP     LDA   1024,X
190:    102D 9D 01 04              STA   1025,X
200:    1030 BD 28 04              LDA   1024+40,X
200:    1033 9D 29 04              STA   1025+40,X
210:    1036 BD 50 04              LDA   1024+80,X
210:    1039 9D 51 04              STA   1025+80,X
220:    103C BD 78 04              LDA   1024+120,X
```

```
220:    103F 9D 79 04        STA    1025+120,X
230:    1042 BD A0 04        LDA    1024+160,X
230:    1045 9D A1 04        STA    1025+160,X
240:    1048 BD C8 04        LDA    1024+200,X
240:    104B 9D C9 04        STA    1025+200,X
250:    104E BD F0 04        LDA    1024+240,X
250:    1051 9D F1 04        STA    1025+240,X
260:    1054 BD 18 05        LDA    1024+280,X
260:    1057 9D 19 05        STA    1025+280,X
270:    105A BD 40 05        LDA    1024+320,X
270:    105D 9D 41 05        STA    1025+320,X
280:    1060 BD 68 05        LDA    1024+360,X
280:    1063 9D 69 05        STA    1025+360,X
290:    1066 BD 90 05        LDA    1024+400,X
290:    1069 9D 91 05        STA    1025+400,X
300:    106C BD B8 05        LDA    1024+440,X
300:    106F 9D B9 05        STA    1025+440,X
310:    1072 BD E0 05        LDA    1024+480,X
310:    1075 9D E1 05        STA    1025+480,X
320:    1078 BD 08 06        LDA    1024+520,X
320:    107B 9D 09 06        STA    1025+520,X
330:    107E BD 30 06        LDA    1024+560,X
330:    1081 9D 31 06        STA    1025+560,X
340:    1084 BD 58 06        LDA    1024+600,X
340:    1087 9D 59 06        STA    1025+600,X
350:    108A BD 80 06        LDA    1024+640,X
350:    108D 9D 81 06        STA    1025+640,X
360:    1090 BD A8 06        LDA    1024+680,X
360:    1093 9D A9 06        STA    1025+680,X
370:    1096 BD D0 06        LDA    1024+720,X
370:    1099 9D D1 06        STA    1025+720,X
380:    109C BD F8 06        LDA    1024+760,X
380:    109F 9D F9 06        STA    1025+760,X
390:    10A2 BD 20 07        LDA    1024+800,X
390:    10A5 9D 21 07        STA    1025+800,X
400:    10A8 BD 48 07        LDA    1024+840,X
400:    10AB 9D 49 07        STA    1025+840,X
410:    10AE BD 70 07        LDA    1024+880,X
410:    10B1 9D 71 07        STA    1025+880,X
420:    10B4 BD 98 07        LDA    1024+920,X
420:    10B7 9D 99 07        STA    1025+920,X
430:    10BA BD C0 07        LDA    1024+960,X
```

```
430:    10BD 9D C1 07           STA     1025+960,X
440:    10C0 CA                 DEX
440:    10C1 E0 FF              CPX     #$FF
440:    10C3 F0 03              BEQ     FIN
440:    10C5 4C 2A 10           JMP     LOOP
450:    10C8 60         FIN     RTS
460:    10C9 00         BYTE    .BYTE0
]1000-10CA
```

READY.


```
B*
      PC   SR AC XR YR SP
.;197FE 72 00 00 01 F6
.
1000 AD 16 D0           LDA $D016
1003 29 F8              AND #$F8
1005 18                 CLC
1006 6D C9 10           ADC $10C9
1009 8D 16 D0           STA $D016
100C EE C9 10           INC $10C9
100F AD C9 10           LDA $10C9
1012 C9 08              CMP #$08
1014 F0 01              BEQ $1017
1016 60                 RTS
1017 A9 00              LDA #$00
1019 8D C9 10           STA $10C9
101C AD 16 D0           LDA $D016
101F 29 F8              AND #$F8
1021 8D 16 D0           STA $D016
1024 20 28 10           JSR $1028
1027 60                 RTS
1028 A2 26              LDX #$26
102A BD 00 04           LDA $0400,X
102D 9D 01 04           STA $0401,X
1030 BD 28 04           LDA $0428,X
```

```
1033 9D 29 04      STA $0429,X
1036 BD 50 04      LDA $0450,X
1039 9D 51 04      STA $0451,X
103C BD 78 04      LDA $0478,X
103F 9D 79 04      STA $0479,X
1042 BD A0 04      LDA $04A0,X
1045 9D A1 04      STA $04A1,X
1048 BD C8 04      LDA $04C8,X
104B 9D C9 04      STA $04C9,X
104E BD F0 04      LDA $04F0,X
1051 9D F1 04      STA $04F1,X
1054 BD 18 05      LDA $0518,X
1057 9D 19 05      STA $0519,X
105A BD 40 05      LDA $0540,X
105D 9D 41 05      STA $0541,X
1060 BD 68 05      LDA $0568,X
1063 9D 69 05      STA $0569,X
1066 BD 90 05      LDA $0590,X
1069 9D 91 05      STA $0591,X
106C BD B8 05      LDA $05B8,X
106F 9D B9 05      STA $05B9,X
1072 BD E0 05      LDA $05E0,X
1075 9D E1 05      STA $05E1,X
1078 BD 08 06      LDA $0608,X
107B 9D 09 06      STA $0609,X
107E BD 30 06      LDA $0630,X
1081 9D 31 06      STA $0631,X
1084 BD 58 06      LDA $0658,X
1087 9D 59 06      STA $0659,X
108A BD 80 06      LDA $0680,X
108D 9D 81 06      STA $0681,X
1090 BD A8 06      LDA $06A8,X
1093 9D A9 06      STA $06A9,X
1096 BD D0 06      LDA $06D0,X
1099 9D D1 06      STA $06D1,X
109C BD F8 06      LDA $06F8,X
109F 9D F9 06      STA $06F9,X
10A2 BD 20 07      LDA $0720,X
10A5 9D 21 07      STA $0721,X
10A8 BD 48 07      LDA $0748,X
10AB 9D 49 07      STA $0749,X
```

```
10AE BD 70 07      LDA $0770,X
10B1 9D 71 07      STA $0771,X
10B4 BD 98 07      LDA $0798,X
10B7 9D 99 07      STA $0799,X
10BA BD C0 07      LDA $07C0,X
10BD 9D C1 07      STA $07C1,X
10C0 CA            DEX
10C1 E0 FF         CPX #$FF
10C3 F0 03         BEQ $10C8
10C5 4C 2A 10      JMP $102A
10C8 60            RTS
10C9 00            BRK
```

8. Pixel scroll up

The routine here scrolls the screen up one pixel every time that it is called.

To set up the screen for scrolling type SYS 16384.

To scroll the screen up one pixel type SYS 16398.

```
PAL (C)1979 BRAD TEMPLETON
2
20:     4000                            .OPT P,OO
30:     4000                            *=   $4000
                                ;TO SETUP TYPE
                                ;SYS16384
                                ; TO USE TYPE SYS 16398
70:     4000 AD 11 D0 SETUP     LDA  53265
                                ;USE BEFORE STARTING
80:     4003 29 F7              AND  #247
90:     4005 8D 11 D0           STA  53265
100:    4008 A9 07              LDA  #7
100:    400A 8D 3B 40           STA  BYTE
110:    400D 60                 RTS
                                ; MAIN ROUTINE
130:    400E AD 11 D0           LDA  53265
140:    4011 29 F8              AND  #248
150:    4013 18                 CLC
160:    4014 6D 3B 40           ADC  BYTE
170:    4017 8D 11 D0           STA  53265
180:    401A CE 3B 40           DEC  BYTE
190:    401D AD 3B 40           LDA  BYTE
200:    4020 C9 FF              CMP  #$FF
210:    4022 F0 01              BEQ  RESET
220:    4024 60                 RTS
230:    4025 A9 07   RESET      LDA  #7
230:    4027 8D 3B 40           STA  BYTE
240:    402A AD 11 D0           LDA  53265
```

```
240:     402D 29 F8              AND    #248
240:     402F 18                 CLC
240:     4030 69 07              ADC    #7
240:     4032 8D 11 D0           STA    53265
250:     4035 A9 0D              LDA    #13
260:     4037 20 D2 FF           JSR    $FFD2
270:     403A 60                 RTS
280:     403B 07         BYTE    .BYTE7
]4000-403C

READY.
```

```
B*
    PC   SR AC XR YR SP
.I97FE 72 00 00 01 F6
.
4000 AD 11 D0       LDA $D011
4003 29 F7          AND #$F7
4005 8D 11 D0       STA $D011
4008 A9 07          LDA #$07
400A 8D 3B 40       STA $403B
400D 60             RTS
400E AD 11 D0       LDA $D011
4011 29 F8          AND #$F8
4013 18             CLC
4014 6D 3B 40       ADC $403B
4017 8D 11 D0       STA $D011
401A CE 3B 40       DEC $403B
401D AD 3B 40       LDA $403B
4020 C9 FF          CMP #$FF
4022 F0 01          BEQ $4025
4024 60             RTS
4025 A9 07          LDA #$07
4027 8D 3B 40       STA $403B
402A AD 11 D0       LDA $D011
402D 29 F8          AND #$F8
```

```
402F 18            CLC
4030 69 07         ADC #$07
4032 8D 11 D0      STA $D011
4035 A9 0D         LDA #$0D
4037 20 D2 FF      JSR $FFD2
403A 60            RTS
403B 07            ???
```

9. Pixel scroll down

The following routine scrolls the screen down one pixel when it is called. However, due to the way the character scroll works (using the ROM print routine), the top line of the screen is not scrolled. If this routine were coupled with a raster interrupt to suppress the scroll at the top of the screen then this area would stay stationary while the rest would scroll independently.

To set up the screen for scrolling type SYS 16384.

To scroll the screen down one pixel type SYS 16398.

```
PAL  (C)1979 BRAD TEMPLETON
2
 20:    4000                           .OPT  P,OO
 30:    4000                           *=    $4000
 40:    4000 AD 11 D0  SETUP      LDA  53265
                      ; USE SETUP BEFORE STARTING
 60:    4003 29 F7                AND  #247
 70:    4005 8D 11 D0              STA  53265
 80:    4008 A9 00                LDA  #0
 80:    400A 8D 4B 40             STA  BYTE
 90:    400D 60                   RTS
                      ; MAIN ROUTINE
110:    400E AD 11 D0             LDA  53265
120:    4011 29 F8                AND  #248
130:    4013 18                   CLC
140:    4014 6D 4B 40             ADC  BYTE
150:    4017 8D 11 D0             STA  53265
160:    401A EE 4B 40             INC  BYTE
170:    401D AD 4B 40             LDA  BYTE
180:    4020 C9 08                CMP  #$08
190:    4022 F0 01                BEQ  RESET
200:    4024 60                   RTS
210:    4025 A9 00    RESET       LDA  #0
```

```
210:    4027 8D 4B 40          STA    BYTE
220:    402A AD 11 D0          LDA    53265
220:    402D 29 F8             AND    #248
220:    402F 8D 11 D0          STA    53265
230:    4032 A9 13             LDA    #"(HOME)"
240:    4034 20 D2 FF          JSR    $FFD2
250:    4037 A9 11             LDA    #"(CUR DN)"
260:    4039 20 D2 FF          JSR    $FFD2
270:    403C A9 9D             LDA    #"(CUR L)"
280:    403E 20 D2 FF          JSR    $FFD2
290:    4041 A9 94             LDA    #"(INST DEL)"
300:    4043 20 D2 FF          JSR    $FFD2
310:    4046 A9 80             LDA    #128
320:    4048 85 DA             STA    218
330:    404A 60                RTS
340:    404B 00         BYTE   .BYTE0
]4000-404C

READY.
```

```
B*
     PC   SR AC XR YR SP
.]97FE 72 00 00 01 F6
.
4000 AD 11 D0      LDA  $D011
4003 29 F7         AND  #$F7
4005 8D 11 D0      STA  $D011
4008 A9 00         LDA  #$00
400A 8D 4B 40      STA  $404B
400D 60            RTS
400E AD 11 D0      LDA  $D011
4011 29 F8         AND  #$F8
4013 18            CLC
4014 6D 4B 40      ADC  $404B
4017 8D 11 D0      STA  $D011
401A EE 4B 40      INC  $404B
401D AD 4B 40      LDA  $404B
```

```
4020 C9 08        CMP #$08
4022 F0 01        BEQ $4025
4024 60           RTS
4025 A9 00        LDA #$00
4027 8D 4B 40     STA $404B
402A AD 11 D0     LDA $D011
402D 29 F8        AND #$F8
402F 8D 11 D0     STA $D011
4032 A9 13        LDA #$13
4034 20 D2 FF     JSR $FFD2
4037 A9 11        LDA #$11
4039 20 D2 FF     JSR $FFD2
403C A9 9D        LDA #$9D
403E 20 D2 FF     JSR $FFD2
4041 A9 94        LDA #$94
4043 20 D2 FF     JSR $FFD2
4046 A9 80        LDA #$80
4048 85 DA        STA $DA
404A 60           RTS
404B 00           BRK
```

10. Colour

This routine allows you to change the screen colour, the border colour, the text colour, extended colours 1, 2 and 3 (or multicolour) in one command.

The syntax is as follows:

SYS 28672,screen colour,border colour,text colour, multi1,multi2,multi3

NB. All parameters must be given.

```
PAL (C) 1979 BRAD TEMPLETON
2
 20:      7000                           .OPT P,OO
 30:      7000                           *=     $7000
                                   ;
                                   ;ROUTINE TO SET SCREEN
                                   ;COLOURS AND BORDER AND
                                   ; TEXT,MULTI1,MULTI2
 80:      7000 20 FD AE              JSR    $AEFD
 90:      7003 20 37 70              JSR    PARAM
100:      7006 8D 21 D0              STA    53281
110:      7009 20 FD AE              JSR    $AEFD
120:      700C 20 37 70              JSR    PARAM
130:      700F 8D 20 D0              STA    53280
                                   ;
150:      7012 20 FD AE              JSR    $AEFD
160:      7015 20 37 70              JSR    PARAM
180:      7018 8D 86 02              STA    646
190:      701B 20 FD AE              JSR    $AEFD
200:      701E 20 37 70              JSR    PARAM
220:      7021 8D 22 D0              STA    53282
230:      7024 20 FD AE              JSR    $AEFD
```

```
240:     7027 20 37 70           JSR  PARAM
260:     702A 8D 23 D0           STA  53283
270:     702D 20 FD AE           JSR  $AEFD
280:     7030 20 37 70           JSR  PARAM
300:     7033 8D 24 D0           STA  53284
310:     7036 60                 RTS
320:     7037 20 9E B7  PARAM    JSR  $B79E
320:     703A 8A                 TXA
330:     703B 60                 RTS
340:     703C 4C 48 B2  IQERR    JMP  $B248
]7000-703F
```

READY.

```
B*
        PC   SR AC XR YR SP
.;97FE 72 00 00 01 F6
.
7000 20 FD AE           JSR $AEFD
7003 20 37 70           JSR $7037
7006 8D 21 D0           STA $D021
7009 20 FD AE           JSR $AEFD
700C 20 37 70           JSR $7037
700F 8D 20 D0           STA $D020
7012 20 FD AE           JSR $AEFD
7015 20 37 70           JSR $7037
7018 8D 86 02           STA $0286
701B 20 FD AE           JSR $AEFD
701E 20 37 70           JSR $7037
7021 8D 22 D0           STA $D022
7024 20 FD AE           JSR $AEFD
7027 20 37 70           JSR $7037
702A 8D 23 D0           STA $D023
702D 20 FD AE           JSR $AEFD
7030 20 37 70           JSR $7037
7033 8D 24 D0           STA $D024
7036 60                 RTS
7037 20 9E B7           JSR $B79E
703A 8A                 TXA
703B 60                 RTS
703C 4C 48 B2           JMP $B248
```

53

11. Copy

This routine allows you to copy the contents of part of or all of the character ROM to a specified part of RAM. This is to make user defined characters easier to set up.

The syntax is SYS 24576,address,no. of pages to copy.

The address is where you want to start your character set at. The number of pages to copy is the number of 256 byte blocks of the ROM to copy down. Only whole numbers are allowed. The character ROM is 16 blocks long. If you specify more than 16 then an illegal quantity error will occur.

e.g. To copy the whole character ROM down to location 8192 type the following:

   SYS 24576,8192,16

or, to copy only the first K of the ROM down to location 12288 type:

   SYS 24576,12288,4

To enable the character set use location 53272 or the change banks routine in this book.

To enable the character set at location 8192 type:

   POKE 53272,24

```
PAL (C)1979 BRAD TEMPLETON
2
20:     6000                        .OPT P,OO
30:     6000                        *=    $6000
                                ;
                                ;ROUTINE TO MOVE
                                ;CHARACTER
                                ;ROM TO SPECIFIED
                                ;LOCATION
                                ;SYNTAX
                                ;
                                ;SYS24576,START,NO OF
                                ;PAGES TO COPY
                                ;WHERE PAGES ARE 256
                                ;BYTES LONG
150:    6000 20 FD AE               JSR   $AEFD
160:    6003 20 8A AD               JSR   $AD8A
170:    6006 20 F7 B7               JSR   $B7F7
180:    6009 A5 14                  LDA   $14
190:    600B 85 FB                  STA   $FB
200:    600D A5 15                  LDA   $15
210:    600F 85 FC                  STA   $FC
                                ;
230:    6011 20 FD AE               JSR   $AEFD
240:    6014 20 9E B7               JSR   $B79E
250:    6017 8A                     TXA
260:    6018 C9 11                  CMP   #17
270:    601A 90 03                  BCC   MORE
280:    601C 4C 48 B2                JMP   $B248
290:    601F 85 FD       MORE       STA   $FD
300:    6021 A9 00                  LDA   #0
310:    6023 8D 5B 60               STA   TEMP
320:    6026 A0 00                  LDY   #0
330:    6028 A9 00                  LDA   #0
340:    602A 85 FE                  STA   $FE
350:    602C A9 D0                  LDA   #208
360:    602E 85 FF                  STA   $FF
                                ;
375:    6030 A9 00                  LDA   #0
376:    6032 8D 0E DC               STA   56334
380:    6035 A9 33                  LDA   #51
```

```
390:    6037 85 01                  STA  1
400:    6039 B1 FE      LOOP        LDA  ($FE),Y
410:    603B 91 FB                  STA  ($FB),Y
420:    603D C8                     INY
430:    603E D0 F9                  BNE  LOOP
                        ;
450:    6040 EE 5B 60               INC  TEMP
460:    6043 AD 5B 60               LDA  TEMP
470:    6046 C5 FD                  CMP  $FD
480:    6048 B0 07                  BCS  FINISH
                        ;
500:    604A E6 FC                  INC  $FC
510:    604C E6 FF                  INC  $FF
520:    604E 4C 39 60               JMP  LOOP
                        ;
540:    6051 A9 37      FINISH      LDA  #55
550:    6053 85 01                  STA  1
560:    6055 A9 01                  LDA  #1
570:    6057 8D 0E DC               STA  56334
580:    605A 60                     RTS
590:    605B            TEMP        =    *
16000-605B

READY.
```

```
B*
     PC   SR AC XR YR SP
.;97FE 72 00 00 01 F6
.
6000 20 FD AE      JSR $AEFD
6003 20 8A AD      JSR $AD8A
6006 20 F7 B7      JSR $B7F7
6009 A5 14         LDA $14
600B 85 FB         STA $FB
600D A5 15         LDA $15
600F 85 FC         STA $FC
```

```
6011 20 FD AE      JSR $AEFD
6014 20 9E B7      JSR $B79E
6017 8A            TXA
6018 C9 11         CMP #$11
601A 90 03         BCC $601F
601C 4C 48 B2      JMP $B248
601F 85 FD         STA $FD
6021 A9 00         LDA #$00
6023 8D 5B 60      STA $605B
6026 A0 00         LDY #$00
6028 A9 00         LDA #$00
602A 85 FE         STA $FE
602C A9 D0         LDA #$D0
602E 85 FF         STA $FF
6030 A9 00         LDA #$00
6032 8D 0E DC      STA $DC0E
6035 A9 33         LDA #$33
6037 85 01         STA $01
6039 B1 FE         LDA ($FE),Y
603B 91 FB         STA ($FB),Y
603D C8            INY
603E D0 F9         BNE $6039
6040 EE 5B 60      INC $605B
6043 AD 5B 60      LDA $605B
6046 C5 FD         CMP $FD
6048 B0 07         BCS $6051
604A E6 FC         INC $FC
604C E6 FF         INC $FF
604E 4C 39 60      JMP $6039
6051 A9 37         LDA #$37
6053 85 01         STA $01
6055 A9 01         LDA #$01
6057 8D 0E DC      STA $DC0E
605A 60            RTS
```

12. Sprite/char

If you are using sprites in a program the time will come when you want to find what character the sprite is under or over. You can see which one, but the computer cannot. Commodore kindly made it possible for the video chip to detect if it has hit a character or not, but not to detect which one. The following program does this. It is written to detect the charcter under sprite 0. To find out which character it is, use SYS 16384 from Basic or JSR $4000 from machine code. The character code is returned in location 828 ($033C), so to find the character execute the routine and PEEK or LDA(X or Y) location 828 ($033C)

No doubt you will want to check which character is under a different sprite than sprite 0. Rather than listing 8 programs, one for each sprite, here is a list of what to change to make it work for any sprite:

1. Change the first line from LDA $D000 to LDA $ hex location of 'X' coordinate of the sprite that you want to test.

2. Change the line at address $400A to CMP #$ bit value of sprite to be tested (sprite 0 = 1 through to sprite 7 = 128).

3. Change the line at address $400E to LDX $ hex location of 'X' coordinate of the sprite to be tested.

4. Change the line at address $4011 to LDA $ hex location of 'Y' coordinate of sprite to be tested.

5. Change the line at address $4032 to CMP #$ bit value of sprite to be tested (as in 2).

The routine checks which character is under the top left 8 bytes of the sprite (going down). i.e.

```
1 2 3
1 2 3
1 2 3
1 2 3
1 2 3
1 2 3
1 2 3
1 2 3
```
and so on ...

It checks the character under the 1s in the above diagram, but this can be altered by changing two bytes in the program as follows:

The line at location $4004 is SBC #$18. The number after the SBC must never be less than $18 (24), but if you add one to this value for every bit across the sprite then you can alter where on the horizontal the routine will check. (This number must never exceed $30 (48) if the sprite is not expanded in the 'X' direction or $60 (96) if expanded.) Remember that as the sprite is expanded each dot on the sprite is 2 dots wide, therefore you will need to multiply the amount greater than $18 by two and add it to $18.

e.g. to get the routine to check for the rightmost 8 bits of an unexpanded sprite, make the line SBC #$30.

Or, to get the routine to check for the 7th to the 15th bit across in an expanded sprite, make the line SBC #(24+ 7*2) which is SBC #$26.

To alter where the routine checks on the vertical change the line at address $4015 (SBC #$3A). The rules for changing are the same as for the 'X' direction. If the sprite is unexpanded in the 'Y' direction then the value is $3A + the byte down. If the sprite is expanded then the value is $3A + 2* the byte down. The value must never be less than $3A and if the sprite is unexpanded no greater than $4F (79) or if the sprite is expanded no greater than $64 (100) for the routine.

e.g. to make the routine check for the bottom 8 bytes of the sprite when it is unexpanded the line is SBC #$47.

or, to make the routine check for the 10th to the 18th byte down in an expanded sprite the line is SBC #$3A + 2*10 which is SBC #$4E

```
PAL  (C)1979  BRAD TEMPLETON
2
20:   4000                        .OPT  P,OO
30:   4000                        *=    $4000
40:   4000 AD 00 D0                LDA  53248
50:   4003 38                      SEC
50:   4004 E9 18                   SBC  #24
50:   4006 AA                      TAX
60:   4007 AD 10 D0                LDA  53264
60:   400A C9 01                   CMP  #1
60:   400C D0 03                   BNE  MORE
70:   400E AE 00 D0                LDX  53248
80:   4011 AD 01 D0 MORE           LDA  53249
80:   4014 38                      SEC
80:   4015 E9 3A                   SBC  #58
80:   4017 A8                      TAY
90:   4018 8E 98 40                STX  X1STORE ;X1
100:  401B 8C 9A 40                STY  Y1STORE ;Y1
110:  401E 98                      TYA
120:  401F 4A                      LSR  A
120:  4020 4A                      LSR  A
120:  4021 4A                      LSR  A ;Y2=Y1/8
130:  4022 18                      CLC
130:  4023 69 01                   ADC  #1
130:  4025 8D 9B 40                STA  Y2STORE
140:  4028 8A                      TXA
150:  4029 4A                      LSR  A
150:  402A 4A                      LSR  A
150:  402B 4A                      LSR  A ;X2=X2/8
160:  402C 8D 99 40                STA  X2STORE
170:  402F AD 10 D0                LDA  53264
170:  4032 C9 01                   CMP  #1
170:  4034 D0 09                   BNE  MORE1
180:  4036 AD 99 40                LDA  X2STORE
190:  4039 18                      CLC
```

```
190:    403A 69 1D              ADC     #29
200:    403C 8D 99 40           STA     X2STORE
210:    403F AD 9B 40  MORE1    LDA     Y2STORE
220:    4042 8D 96 40           STA     NUMBER1
230:    4045 A9 28              LDA     #40
240:    4047 8D 97 40           STA     NUMBER2
250:    404A 20 79 40           JSR     MULTIPLY
260:    404D AD 99 40           LDA     X2STORE
270:    4050 6D 94 40           ADC     RESULT
280:    4053 8D 94 40           STA     RESULT
290:    4056 AD 95 40           LDA     RESULT+1
300:    4059 69 00              ADC     #0
310:    405B 8D 95 40           STA     RESULT+1
320:    405E AD 95 40           LDA     RESULT+1
330:    4061 18                 CLC
340:    4062 69 04              ADC     #4
350:    4064 8D 95 40           STA     RESULT+1
                        ; CHARACTER IN LOCATION
                        ;IN LOCS RESULT AND RESULT+1
380:    4067 AD 94 40           LDA     RESULT
380:    406A 85 FB              STA     $FB
390:    406C AD 95 40           LDA     RESULT+1
390:    406F 85 FC              STA     $FC
400:    4071 A0 00              LDY     #0
410:    4073 B1 FB              LDA     ($FB),Y
420:    4075 8D 3C 03           STA     828
430:    4078 60                 RTS
440:    4079 A9 00     MULTIPLY LDA     #0
450:    407B 8D 94 40           STA     RESULT
460:    407E A2 08              LDX     #8
470:    4080 4E 96 40  LOOP     LSR     NUMBER1
480:    4083 90 04              BCC     NOADD
490:    4085 18                 CLC
500:    4086 6D 97 40           ADC     NUMBER2
510:    4089 6A        NOADD    ROR     A
520:    408A 6E 94 40           ROR     RESULT
530:    408D CA                 DEX
540:    408E D0 F0              BNE     LOOP
550:    4090 8D 95 40           STA     RESULT+1
560:    4093 60                 RTS
                        ;
```

```
580:    4094 00 00      RESULT   .WORD0
590:    4096 00         NUMBER1  .BYTE0
600:    4097 00         NUMBER2  .BYTE0
610:    4098 00         X1STORE  .BYTE0
620:    4099 00         X2STORE  .BYTE0
630:    409A 00         Y1STORE  .BYTE0
640:    409B 00         Y2STORE  .BYTE0
]4000-409C
```

READY.


```
B*
      PC   SR AC XR YR SP
.;97FE 72 00 00 01 F6
.
4000 AD 00 D0      LDA $D000
4003 38            SEC
4004 E9 18         SBC #$18
4006 AA            TAX
4007 AD 10 D0      LDA $D010
400A C9 01         CMP #$01
400C D0 03         BNE $4011
400E AE 00 D0      LDX $D000
4011 AD 01 D0      LDA $D001
4014 38            SEC
4015 E9 3A         SBC #$3A
4017 A8            TAY
4018 8E 98 40      STX $4098
401B 8C 9A 40      STY $409A
401E 98            TYA
401F 4A            LSR
4020 4A            LSR
4021 4A            LSR
4022 18            CLC
4023 69 01         ADC #$01
4025 8D 9B 40      STA $409B
```

```
4028 8A              TXA
4029 4A              LSR
402A 4A              LSR
402B 4A              LSR
402C 8D 99 40        STA $4099
402F AD 10 D0        LDA $D010
4032 C9 01           CMP #$01
4034 D0 09           BNE $403F
4036 AD 99 40        LDA $4099
4039 18              CLC
403A 69 1D           ADC #$1D
403C 8D 99 40        STA $4099
403F AD 9B 40        LDA $409B
4042 8D 96 40        STA $4096
4045 A9 28           LDA #$28
4047 8D 97 40        STA $4097
404A 20 79 40        JSR $4079
404D AD 99 40        LDA $4099
4050 6D 94 40        ADC $4094
4053 8D 94 40        STA $4094
4056 AD 95 40        LDA $4095
4059 69 00           ADC #$00
405B 8D 95 40        STA $4095
405E AD 95 40        LDA $4095
4061 18              CLC
4062 69 04           ADC #$04
4064 8D 95 40        STA $4095
4067 AD 94 40        LDA $4094
406A 85 FB           STA $FB
406C AD 95 40        LDA $4095
406F 85 FC           STA $FC
4071 A0 00           LDY #$00
4073 B1 FB           LDA ($FB),Y
4075 8D 3C 03        STA $033C
4078 60              RTS
4079 A9 00           LDA #$00
407B 8D 94 40        STA $4094
407E A2 08           LDX #$08
4080 4E 96 40        LSR $4096
4083 90 04           BCC $4089
4085 18              CLC
```

```
4086 6D 97 40    ADC $4097
4089 6A          ROR
408A 6E 94 40    ROR $4094
408D CA          DEX
408E D0 F0       BNE $4080
4090 8D 95 40    STA $4095
4093 60          RTS
4094 00          BRK
4095 00          BRK
4096 00          BRK
4097 00          BRK
4098 00          BRK
4099 00          BRK
409A 00          BRK
409B 00          BRK
```

13. Doke

The following routine allows you to POKE a 16 bit number into two consecutive locations. This could be to change a RAM vector. It replaces the following line of Basic code:

a = number: hi = int(a/256): lo = (a-number)*256: poke address,lo:pokeaddress + 1,hi

To use the routine type SYS 960,address,number.

e.g. to change the output character routine to point to your own routine at 828 (as in the list alter routine later) type SYS 960,806,828.

```
PAL (C)1979 BRAD TEMPLETON
2
20:     03C0                        .OPT P,OO
30:     03C0                        *=   960
                            ;
                            ; DOKE ROUTINE
                            ;
                            ;SYNTAX SYS 960,
                            ;ADDRESS,VALUE
                            ; EG SYS16384,788,16384
                            ;
110:    03C0 20 FD AE               JSR  $AEFD
120:    03C3 20 8A AD               JSR  $AD8A
130:    03C6 20 F7 B7               JSR  $B7F7
                            ;
150:    03C9 A5 14                  LDA  $14
160:    03CB 85 FB                  STA  $FB
170:    03CD A5 15                  LDA  $15
180:    03CF 85 FC                  STA  $FC
                            ;
```

```
200:    03D1 20 FD AE           JSR     $AEFD
210:    03D4 20 8A AD           JSR     $AD8A
220:    03D7 20 F7 B7           JSR     $B7F7
                        ;
240:    03DA A0 00              LDY     #0
250:    03DC A5 14              LDA     $14
260:    03DE 91 FB              STA     ($FB),Y
270:    03E0 A0 01              LDY     #1
280:    03E2 A5 15              LDA     $15
290:    03E4 91 FB              STA     ($FB),Y
                        ;
310:    03E6 60                 RTS
]03C0-03E7

READY.
```

```
B*
    PC   SR AC XR YR SP
.]97FE  72 00 00 01 F6
.
03C0 20 FD AE       JSR $AEFD
03C3 20 8A AD       JSR $AD8A
03C6 20 F7 B7       JSR $B7F7
03C9 A5 14          LDA $14
03CB 85 FB          STA $FB
03CD A5 15          LDA $15
03CF 85 FC          STA $FC
03D1 20 FD AE       JSR $AEFD
03D4 20 8A AD       JSR $AD8A
03D7 20 F7 B7       JSR $B7F7
03DA A0 00          LDY #$00
03DC A5 14          LDA $14
03DE 91 FB          STA ($FB),Y
03E0 A0 01          LDY #$01
03E2 A5 15          LDA $15
03E4 91 FB          STA ($FB),Y
03E6 60             RTS
```

14. Deek

This routine is complementary to Doke. It allows you to read the contents of two consecutive locations in memory. It replaces the following line of Basic code:

PRINT PEEK(ADDRESS) + 256*PEEK(ADDRESS + 1)

The routine cannot create a variable (e.g. a = Deek (address) is not possible).

The syntax for the routine is as follows:

SYS 828,address

```
PAL (C)1979 BRAD TEMPLETON
2
20:     033C                    .OPT P,00
30:     033C                    *=     828
                        ;
                        ; SIMULATED DEEK
                        ; FUNCTION
                        ;ONLY USED TO PRINT
                        ;THE VALUE
                        ;IN TWO CONSECUTIVE
                        ;
                        ;LOCATIONS IN 16 BIT
                        ;FORMAT
                        ;SYNTAX
                        ;
                        ;SYS828,ADDRESS
                        ;
                        ;EG. SYS828,788
                        ;
                        ;WILL RETURN 59953
                        ;
```

```
210:    033C 20 FD AE           JSR   $AEFD
220:    033F 20 8A AD           JSR   $AD8A
230:    0342 20 F7 B7           JSR   $B7F7
                        ;
250:    0345 A5 14              LDA   $14
260:    0347 85 FB              STA   $FB
270:    0349 A5 15              LDA   $15
280:    034B 85 FC              STA   $FC
                        ;
300:    034D A0 00              LDY   #0
310:    034F B1 FB              LDA   ($FB),Y
320:    0351 C8                 INY
330:    0352 AA                 TAX
340:    0353 B1 FB              LDA   ($FB),Y
                        ;
360:    0355 4C CD BD           JMP   $BDCD
                        ;
]033C-0358

READY.




        B*
            PC   SR AC XR YR SP
        .;97FE 72 00 00 01 F6
            .
            033C 20 FD AE       JSR  $AEFD
            033F 20 8A AD       JSR  $AD8A
            0342 20 F7 B7       JSR  $B7F7
            0345 A5 14          LDA  $14
            0347 85 FB          STA  $FB
            0349 A5 15          LDA  $15
            034B 85 FC          STA  $FC
            034D A0 00          LDY  #$00
            034F B1 FB          LDA  ($FB),Y
            0351 C8             INY
            0352 AA             TAX
            0353 B1 FB          LDA  ($FB),Y
            0355 4C CD BD       JMP  $BDCD
```

15. 3 channel IRQ tune

The following routine will play a tune independently of the other things that the computer is doing.

The routine is enabled by SYS 24576 and can be stopped with run/stop and restore.

The data for the tune is held in the tunetable in the PAL listing and from location $6074 onwards in the disassembly.

```
PAL  (C)1979 BRAD TEMPLETON
2
20:      6000                        .OPT  P,00
30:      6000                        *=    $6000

40:      6000 78                     SEI
40:      6001 A9 32                  LDA   #<MAIN
40:      6003 8D 14 03               STA   788
40:      6006 A9 60                  LDA   #>MAIN
40:      6008 8D 15 03               STA   789
40:      600B A9 0F                  LDA   #15
40:      600D 8D 18 D4               STA   54296

50:      6010 A9 13                  LDA   #19
50:      6012 8D 04 D4               STA   54276

50:      6015 A9 40                  LDA   #64
50:      6017 8D 05 D4               STA   54277

50:      601A 8D 06 D4               STA   54278

50:      601D 8D 0C D4               STA   54284
```

```
50:     6020 8D 0D D4              STA   54285

52:     6023 A9 21                 LDA   #33
52:     6025 8D 0B D4              STA   54283

55:     6028 A9 00                 LDA   #0
55:     602A 85 FB                 STA   251
55:     602C 85 FC                 STA   252
55:     602E 85 FD                 STA   253
55:     6030 58                    CLI
55:     6031 60                    RTS
                              ;
70:     6032 A6 FB       MAIN      LDX   251
70:     6034 A4 FC                 LDY   252
70:     6036
80:     6036 BD 74 60              LDA   TUNE,
X
90:     6039 8D 00 D4              STA   54272

95:     603C BD A6 60              LDA   TUNE1
-2,X
95:     603F 8D 07 D4              STA   54279

95:     6042 BD A7 60              LDA   TUNE1
-1,X
95:     6045 8D 08 D4              STA   54280

100:    6048 BD 75 60              LDA   TUNE+
1,X
110:    604B 8D 01 D4              STA   54273

120:    604E A5 FD                 LDA   253
130:    6050 C9 0A                 CMP   #10
140:    6052 B0 05                 BCS   NEXDE
LAY
150:    6054 E6 FD                 INC   253
150:    6056 4C 31 EA              JMP   $EA31

160:    6059 A9 00    NEXDELAY     LDA   #0
160:    605B 85 FD                 STA   253
160:    605D E8                    INX
```

```
160:    605E E8                     INX
160:    605F C8                     INY
160:    6060 86 FB                  STX    251
160:    6062 84 FC                  STY    252
160:    6064 E0 30                  CPX    #48
160:    6066 B0 03                  BCS    RE
160:    6068 4C 31 EA               JMP    $EA31

165:    606B A2 00       RE        LDX    #0
165:    606D 85 FB                  STA    251
165:    606F 85 FC                  STA    252
165:    6071 4C 31 EA               JMP    $EA31

1000:   6074 C6 2D 00  TUNE        .BYT 198,4
5,0,0,198,45,52,43,126,38,0,0,126,38
1010:   6082 4B 22 7E               .BYT 75,34
,126,38,75,34,141,30,214,28,0,0
1015:   608E D6 1C 8D               .BYT 214,2
8,141,30,75,34,227,22
1020:   6096 B1 19 8D               .BYT 177,2
5,141,30,214,28,177,25,227,22
1030:   60A0 00 00 00               .BYT 0,0,0
,0,0,0,0,0
1050:   60A8 72 0B 00  TUNE1       .BYT 114,1
1,0,0,114,11,205,10,159,9,0,0,159,9
1060:   60B6 93 08 9F               .BYT 147,8
,159,9,147,8,163,7,53,7,0,0
1070:   60C2 35 07 A3               .BYT 53,7,
163,7,147,8,185,5
1080:   60CA 6C 06 A3               .BYT 108,6
,163,7,53,7,108,6,185,5
1090:   60D4 00 00 00               .BYT 0,0,0
,0,0,0,0,0
]6000-60DC
```

READY.

B*
```
    PC   SR AC XR YR SP
.;97FE   72 00 00 01 F6
.
6000 78            SEI
6001 A9 32         LDA #$32
6003 8D 14 03      STA $0314
6006 A9 60         LDA #$60
6008 8D 15 03      STA $0315
600B A9 0F         LDA #$0F
600D 8D 18 D4      STA $D418
6010 A9 13         LDA #$13
6012 8D 04 D4      STA $D404
6015 A9 40         LDA #$40
6017 8D 05 D4      STA $D405
601A 8D 06 D4      STA $D406
601D 8D 0C D4      STA $D40C
6020 8D 0D D4      STA $D40D
6023 A9 21         LDA #$21
6025 8D 0B D4      STA $D40B
6028 A9 00         LDA #$00
602A 85 FB         STA $FB
602C 85 FC         STA $FC
602E 85 FD         STA $FD
6030 58            CLI
6031 60            RTS
6032 A6 FB         LDX $FB
6034 A4 FC         LDY $FC
6036 BD 74 60      LDA $6074,X
6039 8D 00 D4      STA $D400
603C BD A6 60      LDA $60A6,X
603F 8D 07 D4      STA $D407
6042 BD A7 60      LDA $60A7,X
6045 8D 08 D4      STA $D408
6048 BD 75 60      LDA $6075,X
604B 8D 01 D4      STA $D401
604E A5 FD         LDA $FD
6050 C9 0A         CMP #$0A
6052 B0 05         BCS $6059
6054 E6 FD         INC $FD
6056 4C 31 EA      JMP $EA31
```

```
6059 A9 00        LDA #$00
605B 85 FD        STA $FD
605D E8           INX
605E E8           INX
605F C8           INY
6060 86 FB        STX $FB
6062 84 FC        STY $FC
6064 E0 30        CPX #$30
6066 B0 03        BCS $606B
6068 4C 31 EA     JMP $EA31
606B A2 00        LDX #$00
606D 85 FB        STA $FB
606F 85 FC        STA $FC
6071 4C 31 EA     JMP $EA31
6074 C6 2D        DEC $2D
6076 00           BRK
6077 00           BRK
6078 C6 2D        DEC $2D
```

```
.:6074 C6 2D 00 00 C6 2D 34 2B
.:607C 7E 26 00 00 7E 26 4B 22
.:6084 7E 26 4B 22 8D 1E D6 1C
.:608C 00 00 D6 1C 8D 1E 4B 22
.:6094 E3 16 B1 19 8D 1E D6 1C
.:609C B1 19 E3 16 00 00 00 00
.:60A4 00 00 00 00 72 0B 00 00
.:60AC 72 0B CD 0A 9F 09 00 00
.:60B4 9F 09 93 08 9F 09 93 08
.:60BC A3 07 35 07 00 00 35 07
.:60C4 A3 07 93 08 B9 05 6C 06
.:60CC A3 07 35 07 6C 06 B9 05
.:60D4 00 00 00 00 00 00 00 00
```

16. List alter

The following routine lets you list a program in a specified column width. I have used it to list the Supermon loader in a width suitable for a book page.

To use this routine type SYS 828,number of columns.

```
PAL  (C)1979 BRAD TEMPLETON
2
20:     033C                          .OPT  P,00
30:     033C                          *=    $033C
40:     033C              IBSOUT      =     $0326
50:     033C 20 FD AE                 JSR   $AEFD
60:     033F 20 9E B7                 JSR   $B79E
70:     0342 8E 77 03                 STX   COLUMN
80:     0345 AD 26 03                 LDA   IBSOUT
90:     0348 8D 78 03                 STA   OLDOUT
100:    034B AD 27 03                 LDA   IBSOUT+1
110:    034E 8D 79 03                 STA   OLDOUT+1
120:    0351 A9 5C                    LDA   #<MAIN
130:    0353 8D 26 03                 STA   IBSOUT
140:    0356 A9 03                    LDA   #>MAIN
150:    0358 8D 27 03                 STA   IBSOUT+1
160:    035B 60                       RTS
                                ;
180:    035C C9 0D        MAIN        CMP   #13
190:    035E F0 0B                    BEQ   DOCR
200:    0360 CE 7A 03                 DEC   COUNT
210:    0363 D0 0B                    BNE   NADDCR
220:    0365 20 74 03                 JSR   NEWPRT
230:    0368 AD 77 03 DOCR            LDA   COLUMN
240:    036B 8D 7A 03                 STA   COUNT
250:    036E A9 0D                    LDA   #13
260:    0370 20 74 03 NADDCR          JSR   NEWPRT
```

```
270:    0373 60                         RTS
280:    0374 6C 78 03    NEWPRT         JMP   (OLDOUT)
290:    0377 50          COLUMN         .BYT  80
300:    0378             OLDOUT         =     *
310:    0378             COUNT          =     OLDOUT+2
]033C-0378

READY.




B*
        PC   SR AC XR YR SP
    .197FE  72 00 00 01 F6
    .
    033C 20 FD AE        JSR  $AEFD
    033F 20 9E B7        JSR  $B79E
    0342 8E 77 03        STX  $0377
    0345 AD 26 03        LDA  $0326
    0348 8D 78 03        STA  $0378
    034B AD 27 03        LDA  $0327
    034E 8D 79 03        STA  $0379
    0351 A9 5C           LDA  #$5C
    0353 8D 26 03        STA  $0326
    0356 A9 03           LDA  #$03
    0358 8D 27 03        STA  $0327
    035B 60              RTS
    035C C9 0D           CMP  #$0D
    035E F0 08           BEQ  $0368
    0360 CE 7A 03        DEC  $037A
    0363 D0 0B           BNE  $0370
    0365 20 74 03        JSR  $0374
    0368 AD 77 03        LDA  $0377
    036B 8D 7A 03        STA  $037A
    036E A9 0D           LDA  #$0D
    0370 20 74 03        JSR  $0374
    0373 60              RTS
    0374 6C 78 03        JMP  ($0378)
    0377 50 00           BVC  $0379
```

17. Old

This routine allows a program accidentally newed to be recovered. It also works after a SYS 64738 or SYS 58260 (cold or warm start). If the old routine is not in memory when you need it, do not worry: it can be loaded in after the new and executed and the program will still be recovered.

To use type SYS 300.

To load into memory after a new type LOAD"OLD",8,1 (or LOAD"OLD",1,1) and then SYS 300.

```
PAL (C)1979 BRAD TEMPLETON
2
20:     012C                    .OPT P,OO
30:     012C                    *=   300
                        ;OLD ROUTINE
50:     012C A9 FF              LDA  #$FF
60:     012E A0 01              LDY  #1
70:     0130 91 2B              STA  ($2B),8Y
80:     0132 20 33 A5           JSR  $A533
90:     0135 A5 22              LDA  $22
100:    0137 18                 CLC
110:    0138 69 02              ADC  #2
110:    013A 85 2D              STA  $2D
120:    013C A5 23              LDA  $23
130:    013E 69 00              ADC  #0
140:    0140 85 2E              STA  $2E
150:    0142 4C 5E A6           JMP  $A65E
]012C-0145

READY.
```

B*
```
   PC   SR AC XR YR SP
.;97FE  72 00 00 01 F6
.
.


B*
   PC   SR AC XR YR SP
.;97FE  72 00 00 01 F6
.
012C A9 FF        LDA #$FF
012E A0 01        LDY #$01
0130 91 2B        STA ($2B),Y
0132 20 33 A5     JSR $A533
0135 A5 22        LDA $22
0137 18           CLC
0138 69 02        ADC #$02
013A 85 2D        STA $2D
013C A5 23        LDA $23
013E 69 00        ADC #$00
0140 85 2E        STA $2E
0142 4C 5E A6     JMP $A65E
.
```

18. Graph

This routine is the graph (or high res) command. It turns on the high res screen which is located at 24576 and the colour memory at 16384. It does not clear the screen.

To use type SYS 49152.

```
PAL (C)1979 BRAD TEMPLETON
2
20:     C000                        .OPT P,00
30:     C000                        *=    $C000
                            ;
                            ;GRAPH FUNCTION 26
                            ;
70:     C000 A9 16                  LDA   #$16
90:     C002 8D 00 DD               STA   56576
                            ;CHANGE BLOCK
                            ;
110:    C005 A9 08                  LDA   #8
120:    C007 8D 18 D0               STA   53272
                            ;
140:    C00A AD 11 D0               LDA   53265
140:    C00D 09 20                  ORA   #32
140:    C00F 8D 11 D0               STA   53265
150:    C012 60                     RTS
]C000-C013

READY.
```

```
B*
    PC   SR AC XR YR SP
.197FE   72 00 00 01 F6
.
C000 A9 16          LDA #$16
C002 8D 00 DD       STA $DD00
C005 A9 08          LDA #$08
C007 8D 18 D0       STA $D018
C00A AD 11 D0       LDA $D011
C00D 09 20          ORA #$20
C00F 8D 11 D0       STA $D011
C012 60             RTS
```

19. NRM

This is the complementary routine to graph. It turns the high res screen off and returns to the normal text screen.

To use type SYS 49174.

```
PAL (C)1979 BRAD TEMPLETON
2
20:     C016                         .OPT P,OO
30:     C016                         *=    $C016
                          ;NORM COMMAND
50:     C016 A9 15                   LDA  #21
60:     C018 8D 18 D0                STA  53272
70:     C01B A9 1B                   LDA  #27
80:     C01D 8D 11 D0                STA  53265
90:     C020 A9 17                   LDA  #23
100:    C022 8D 00 DD                STA  56576
110:    C025 60                      RTS
]C016-C026

READY.


         B*
            PC   SR  AC  XR  YR  SP
         .;97FE 72  00  00  01  F6
         .
         C016 A9 15         LDA #$15
         C018 8D 18 D0      STA $D018
         C01B A9 1B         LDA #$1B
         C01D 8D 11 D0      STA $D011
         C020 A9 17         LDA #$17
         C022 8D 00 DD      STA $DD00
         C025 60            RTS
```

20. CLG

This routine clears the high res screen. Two parameters are required. The first defines the drawing colour and the second the background colour. Both are values between 0 and 15 and are the same as the usual text colours.

To use type SYS 49190, drawing colour, background colour.

```
PAL (C)1979 BRAD TEMPLETON
2
 20:    C026                        .OPT  P,OO
 30:    C026                        *=    $C026
                            ; CLG COMMAND
 50:    C026 20 FD AE               JSR   $AEFD
 60:    C029 20 8A AD               JSR   $AD8A
 70:    C02C 20 F7 B7               JSR   $B7F7
 80:    C02F A5 15                  LDA   $15
 80:    C031 F0 03                  BEQ   MORE
 80:    C033 4C 48 B2               JMP   $B248
 90:    C036 A5 14     MORE         LDA   $14
 90:    C038 8D 85 C0               STA   FIN
100:    C03B 20 FD AE               JSR   $AEFD
110:    C03E 20 8A AD               JSR   $AD8A
120:    C041 20 F7 B7               JSR   $B7F7
130:    C044 A5 15                  LDA   $15
130:    C046 F0 03                  BEQ   MORE1
130:    C048 4C 48 B2               JMP   $B248
140:    C04B A5 14     MORE1        LDA   $14
140:    C04D 0A                     ASL   A
140:    C04E 0A                     ASL   A
140:    C04F 0A                     ASL   A
140:    C050 0A                     ASL   A
140:    C051 0D 85 C0               ORA   FIN
140:    C054 8D 85 C0               STA   FIN
```

```
150:    C057 A9 00              LDA   #0
150:    C059 85 FB              STA   $FB
160:    C05B A9 60              LDA   #96
160:    C05D 85 FC              STA   $FC
170:    C05F A0 00              LDY   #0
180:    C061 A9 00              LDA   #0
190:    C063 91 FB      LOOP    STA   ($FB),Y
200:    C065 C8                 INY
210:    C066 D0 FB              BNE   LOOP
220:    C068 E6 FC              INC   $FC
230:    C06A A6 FC              LDX   $FC
240:    C06C E0 80              CPX   #128
250:    C06E D0 F3              BNE   LOOP
260:    C070 AD 85 C0           LDA   FIN
270:    C073 A2 00              LDX   #0
280:    C075 9D 00 40  LOOP1    STA   $4000,X
290:    C078 9D 00 41           STA   $4100,X
300:    C07B 9D 00 42           STA   $4200,X
310:    C07E 9D 00 43           STA   $4300,X
320:    C081 E8                 INX
320:    C082 D0 F1              BNE   LOOP1
320:    C084 60                 RTS
330:    C085            FIN   =   *
]C026-C085

READY.




        B*
           PC   SR AC XR YR SP
        .197FE 72 00 00 01 F6
        .
        C026 20 FD AE       JSR $AEFD
        C029 20 8A AD       JSR $AD8A
        C02C 20 F7 B7       JSR $B7F7
        C02F A5 15          LDA $15
        C031 F0 03          BEQ $C036
        C033 4C 48 B2       JMP $B248
        C036 A5 14          LDA $14
```

```
C038 8D 85 C0      STA $C085
C03B 20 FD AE      JSR $AEFD
C03E 20 8A AD      JSR $AD8A
C041 20 F7 B7      JSR $B7F7
C044 A5 15         LDA $15
C046 F0 03         BEQ $C04B
C048 4C 48 B2      JMP $B248
C04B A5 14         LDA $14
C04D 0A            ASL
C04E 0A            ASL
C04F 0A            ASL
C050 0A            ASL
C051 0D 85 C0      ORA $C085
C054 8D 85 C0      STA $C085
C057 A9 00         LDA #$00
C059 85 FB         STA $FB
C05B A9 60         LDA #$60
C05D 85 FC         STA $FC
C05F A0 00         LDY #$00
C061 A9 00         LDA #$00
C063 91 FB         STA ($FB),Y
C065 C8            INY
C066 D0 FB         BNE $C063
C068 E6 FC         INC $FC
C06A A6 FC         LDX $FC
C06C E0 80         CPX #$80
C06E D0 F3         BNE $C063
C070 AD 85 C0      LDA $C085
C073 A2 00         LDX #$00
C075 9D 00 40      STA $4000,X
C078 9D 00 41      STA $4100,X
C07B 9D 00 42      STA $4200,X
C07E 9D 00 43      STA $4300,X
C081 E8            INX
C082 D0 F1         BNE $C075
C084 60            RTS
```

21. Plot

This routine plots a point on the high res screen. It requires two parameters: the X coordinate (0-319) and the Y coordinate (0-199) to be plotted.

The syntax is SYS 49286,X coord, Y coord.

```
PAL (C)1979 BRAD TEMPLETON
2
20:        C08A                            .OPT P,OO
30:        C08A                            *=    $C08A
40:        C08A            XCOORD    =     $14

;AND $15
50:        C08A            TEMP      =     $FD
60:        C08A            SCREEN    =     $6000
70:        C08A            CHECKCOM  =     $AEFD
80:        C08A            COORD     =     $B7EB
90:        C08A            FALSE     =     255
100:       C08A            TRUE      =     0
130:       C08A A9 00      SET       LDA   #TRUE
140:       C08C 8D 3A C1   SET1      STA   RSFLAG

150:       C08F 20 FD AE             JSR   CHECKC
OM
160:       C092 20 EB B7             JSR   COORD
170:       C095 E0 C8                CPX   #200
180:       C097 B0 5E                BCS   TOOBIG

190:       C099 A5 14                LDA   XCOORD

200:       C09B C9 40                CMP   #<320
210:       C09D A5 15                LDA   XCOORD
+1
```

```
220:    C09F E9 01              SBC     #>320
230:    C0A1 B0 54              BCS     TOOBIG

240:    C0A3 8A                 TXA
250:    C0A4 4A                 LSR
260:    C0A5 4A                 LSR
270:    C0A6 4A                 LSR
280:    C0A7 0A                 ASL
290:    C0A8 A8                 TAY
300:    C0A9 B9 F8 C0           LDA     TABLE,Y     ;MULTIPLY PUT IN
310:    C0AC 85 FD              STA     TEMP
320:    C0AE B9 F9 C0           LDA     TABLE+1,Y
330:    C0B1 85 FE              STA     TEMP+1

340:    C0B3 8A                 TXA
350:    C0B4 29 07              AND     #%00000111
360:    C0B6 18                 CLC
370:    C0B7 65 FD              ADC     TEMP
380:    C0B9 85 FD              STA     TEMP
390:    C0BB A5 FE              LDA     TEMP+1

400:    C0BD 69 00              ADC     #0
410:    C0BF 85 FE              STA     TEMP+1

420:    C0C1 A5 14              LDA     XCOORD

430:    C0C3 29 07              AND     #%00000111
440:    C0C5 A8                 TAY
450:    C0C6 A5 14              LDA     XCOORD

460:    C0C8 29 F8              AND     #%11111000
470:    C0CA 18                 CLC
480:    C0CB 65 FD              ADC     TEMP
490:    C0CD 85 FD              STA     TEMP
500:    C0CF A5 FE              LDA     TEMP+1
```

85

```
510:    C0D1 65 15                  ADC     XCOORD
+1
520:    C0D3 85 FE                  STA     TEMP+1

530:    C0D5 A5 FD                  LDA     TEMP
540:    C0D7 18                     CLC
550:    C0D8 69 00                  ADC     #<SCRE
EN
560:    C0DA 85 FD                  STA     TEMP
570:    C0DC A5 FE                  LDA     TEMP+1

580:    C0DE 69 60                  ADC     #>SCRE
EN
590:    C0E0 85 FE                  STA     TEMP+1

600:    C0E2 A2 00                  LDX     #0
610:    C0E4 A1 FD                  LDA     (TEMP,
X)
620:    C0E6 2C 3A C1               BIT     RSFLAG

630:    C0E9 10 06                  BPL     SET2
640:    C0EB 39 32 C1               AND     ANDMAS
K,Y
650:    C0EE 4C F4 C0               JMP     SET3
660:    C0F1 19 2A C1      SET2     ORA     ORMASK
,Y
670:    C0F4 81 FD         SET3     STA     (TEMP,
X)
680:    C0F6 60                     RTS
690:    C0F7 60            TOOBIG   RTS
700:    C0F8               N        =       320
710:    C0F8 00 00 40      TABLE    .WORD0*N,1*
N,2*N,3*N,4*N
720:    C102 40 06 80               .WORD5*N,6*
N,7*N,8*N,9*N
730:    C10C 80 0C C0               .WORD10*N,1
1*N,12*N,13*N,14*N
740:    C116 C0 12 00               .WORD15*N,1
6*N,17*N,18*N,19*N
750:    C120 00 19 40               .WORD20*N,2
1*N,22*N,23*N,24*N
```

```
                              ;
770:    C12A 80       ORMASK   .BYT %10000
000
780:    C12B 40                .BYT %01000
000
790:    C12C 20                .BYT %00100
000
800:    C12D 10                .BYT %00010
000
810:    C12E 08                .BYT %00001
000
820:    C12F 04                .BYT %00000
100
830:    C130 02                .BYT %00000
010
840:    C131 01                .BYT %00000
001
                              ;
860:    C132 7F       ANDMASK  .BYT %01111
111
870:    C133 BF                .BYT %10111
111
880:    C134 DF                .BYT %11011
111
890:    C135 EF                .BYT %11101
111
900:    C136 F7                .BYT %11110
111
910:    C137 FB                .BYT %11111
011
920:    C138 FD                .BYT %11111
101
930:    C139 FE                .BYT %11111
110
                              ;
950:    C13A 00       RSFLAG   .BYT 0
JC08A-C13B

READY.
```

```
B*
    PC   SR AC XR YR SP
.197FE   72 00 00 01 F6
.
C08A A9 00         LDA #$00
C08C 8D 3A C1      STA $C13A
C08F 20 FD AE      JSR $AEFD
C092 20 EB B7      JSR $B7EB
C095 E0 C8         CPX #$C8
C097 B0 5E         BCS $C0F7
C099 A5 14         LDA $14
C09B C9 40         CMP #$40
C09D A5 15         LDA $15
C09F E9 01         SBC #$01
C0A1 B0 54         BCS $C0F7
C0A3 8A            TXA
C0A4 4A            LSR
C0A5 4A            LSR
C0A6 4A            LSR
C0A7 0A            ASL
C0A8 A8            TAY
C0A9 B9 F8 C0      LDA $C0F8,Y
C0AC 85 FD         STA $FD
C0AE B9 F9 C0      LDA $C0F9,Y
C0B1 85 FE         STA $FE
C0B3 8A            TXA
C0B4 29 07         AND #$07
C0B6 18            CLC
C0B7 65 FD         ADC $FD
C0B9 85 FD         STA $FD
C0BB A5 FE         LDA $FE
C0BD 69 00         ADC #$00
C0BF 85 FE         STA $FE
C0C1 A5 14         LDA $14
C0C3 29 07         AND #$07
C0C5 A8            TAY
C0C6 A5 14         LDA $14
C0C8 29 F8         AND #$F8
C0CA 18            CLC
C0CB 65 FD         ADC $FD
C0CD 85 FD         STA $FD
```

```
C0CF A5 FE        LDA $FE
C0D1 65 15        ADC $15
C0D3 85 FE        STA $FE
C0D5 A5 FD        LDA $FD
C0D7 18           CLC
C0D8 69 00        ADC #$00
C0DA 85 FD        STA $FD
C0DC A5 FE        LDA $FE
C0DE 69 60        ADC #$60
C0E0 85 FE        STA $FE
C0E2 A2 00        LDX #$00
C0E4 A1 FD        LDA ($FD,X)
C0E6 2C 3A C1     BIT $C13A
C0E9 10 06        BPL $C0F1
C0EB 39 32 C1     AND $C132,Y
C0EE 4C F4 C0     JMP $C0F4
C0F1 19 2A C1     ORA $C12A,Y
C0F4 81 FD        STA ($FD,X)
C0F6 60           RTS
C0F7 60           RTS
```
.
.
.
.
```
.:C0F8 00 00 40 01 80 02 C0 03
.:C100 00 05 40 06 80 07 C0 08
.:C108 00 0A 40 0B 80 0C C0 0D
.:C110 00 0F 40 10 80 11 C0 12
.:C118 00 14 40 15 80 16 C0 17
.:C120 00 19 40 1A 80 1B C0 1C
.:C128 00 1E 80 40 20 10 08 04
.:C130 02 01 7F BF DF EF F7 FB
.:C138 FD FE 00 C2 C9 F0 08 20
```
.

22. Unplot

This routine is complementary to Plot. It unplots a point on the high res screen. Just type in the routine below and unplot is ready.

To use type SYS 49286,X,Y

```
30 *=$C086
40 LDA #$FF
50 BNE SET1
```

READY.

```
B*
     PC   SR AC XR YR SP
.;97FE 72 00 00 01 F6
.
C086 A9 FF        LDA #$FF
C088 D0 02        BNE $C08C
.
```

23. Char

This routine puts a character onto the high res screen. You specify three parameters: the X coordinate (0-39), the Y coordinate (0-24) and the character code (screen code).

The syntax is SYS 49467,X,Y,char code

```
PAL  (C)1979 BRAD TEMPLETON
2
20:      C13B                          .OPT P,OO
30:      C13B                          *=    $C13B
                                 ;
                                 ;CHAR X,Y,CHARACTER,
                                 ;EOR OR DELETE
70:      C13B 4C 48 B2 ERROR    JMP   $B248
80:      C13E 20 FD AE          JSR   $AEFD
90:      C141 20 1D C2          JSR   PARAMS
100:     C144 A5 14             LDA   $14
100:     C146 C9 28             CMP   #40
100:     C148 B0 F1             BCS   ERROR
110:     C14A 8D 4B C2          STA   XSTORE
120:     C14D 20 FD AE          JSR   $AEFD
130:     C150 20 1D C2          JSR   PARAMS
140:     C153 A5 14             LDA   $14
140:     C155 C9 19             CMP   #25
140:     C157 B0 E2             BCS   ERROR
150:     C159 8D 4C C2          STA   YSTORE
                                 ;TOTAL = Y*320 + X*8
170:     C15C AD 4B C2          LDA   XSTORE
180:     C15F 8D 48 C2          STA   MULT1
190:     C162 A9 08             LDA   #8
200:     C164 8D 49 C2          STA   MULT2
210:     C167 20 2B C2          JSR   MULTIPLY
220:     C16A AD 46 C2          LDA   RESULT
```

```
230:    C16D 85 FB                      STA     $FB
240:    C16F AD 47 C2                   LDA     RESULT+1
250:    C172 85 FC                      STA     $FC
                                ;
                                ;NOW Y=320*Y
280:    C174 AD 4C C2                   LDA     YSTORE
290:    C177 8D 48 C2                   STA     MULT1
300:    C17A A9 28                      LDA     #40
310:    C17C 8D 49 C2                   STA     MULT2
320:    C17F 20 2B C2                   JSR     MULTIPLY
330:    C182 AD 46 C2                   LDA     RESULT
330:    C185 8D 50 C2                   STA     STORERES
330:    C188 AD 47 C2                   LDA     RESULT+1
330:    C18B 8D 51 C2                   STA     STORERES+1
340:    C18E A2 07                      LDX     #7
350:    C190 AD 46 C2   LOOP12          LDA     RESULT
350:    C193 6D 50 C2                   ADC     STORERES
360:    C196 8D 46 C2                   STA     RESULT
360:    C199 AD 47 C2                   LDA     RESULT+1
370:    C19C 69 00                      ADC     #0
370:    C19E 8D 47 C2                   STA     RESULT+1
380:    C1A1 CA                         DEX
390:    C1A2 D0 EC                      BNE     LOOP12
400:    C1A4 A2 07                      LDX     #7
410:    C1A6 AD 47 C2   LOOP14          LDA     RESULT+1
420:    C1A9 18                         CLC
420:    C1AA 6D 51 C2                   ADC     STORERES+1
430:    C1AD 8D 47 C2                   STA     RESULT+1
440:    C1B0 CA                         DEX
450:    C1B1 D0 F3                      BNE     LOOP14
460:    C1B3 AD 47 C2                   LDA     RESULT+1
470:    C1B6 18                         CLC
470:    C1B7 69 60                      ADC     #$60
480:    C1B9 8D 47 C2                   STA     RESULT+1
490:    C1BC A5 FB                      LDA     $FB
500:    C1BE 18                         CLC
500:    C1BF 6D 46 C2                   ADC     RESULT
510:    C1C2 85 FB                      STA     $FB
520:    C1C4 A5 FC                      LDA     $FC
530:    C1C6 6D 47 C2                   ADC     RESULT+1
540:    C1C9 85 FC                      STA     $FC
```

```
550:    C1CB 20 FD AE           JSR     $AEFD
560:    C1CE 20 1D C2           JSR     PARAMS
570:    C1D1 A5 14              LDA     $14
580:    C1D3 8D 4E C2           STA     CHAR
590:    C1D6 AD 4E C2           LDA     CHAR
600:    C1D9 8D 48 C2           STA     MULT1
610:    C1DC A9 08              LDA     #8
620:    C1DE 8D 49 C2           STA     MULT2
630:    C1E1 20 2B C2           JSR     MULTIPLY
640:    C1E4 AD 46 C2           LDA     RESULT
                        ;CHARACTER LOCATION
650:    C1E7 85 FD              STA     $FD
660:    C1E9 AD 47 C2           LDA     RESULT+1
670:    C1EC 18                 CLC
                        ;ADD $D0 TO $D000
670:    C1ED 69 D0              ADC     #$D0
680:    C1EF 85 FE              STA     $FE
690:    C1F1 A9 00              LDA     #0
690:    C1F3 8D 4A C2           STA     COUNT
690:    C1F6 78                 SEI
690:    C1F7 A9 33              LDA     #51
690:    C1F9 85 01              STA     $01
700:    C1FB A0 00              LDY     #0
710:    C1FD B1 FD      LOOP1   LDA     ($FD),Y
720:    C1FF 91 FB              STA     ($FB),Y
730:    C201 E6 FB              INC     $FB
730:    C203 D0 02              BNE     N1
740:    C205 E6 FC              INC     $FC
750:    C207 E6 FD      N1      INC     $FD
760:    C209 D0 02              BNE     N2
770:    C20B E6 FE              INC     $FE
780:    C20D EE 4A C2   N2      INC     COUNT
790:    C210 AD 4A C2           LDA     COUNT
800:    C213 C9 08              CMP     #8
810:    C215 D0 E6              BNE     LOOP1
820:    C217 A9 37              LDA     #55
820:    C219 85 01              STA     1
820:    C21B 58                 CLI
820:    C21C 60                 RTS
830:    C21D 20 8A AD   PARAMS  JSR     $AD8A
840:    C220 20 F7 B7           JSR     $B7F7
```

```
850:      C223 A5 15              LDA  #15
850:      C225 F0 03              BEQ  FINROUT
860:      C227 4C 48 B2           JMP  $B248
860:      C22A 60        FINROUT  RTS
870:      C22B A9 00     MULTIPLY LDA  #0
880:      C22D 8D 46 C2           STA  RESULT
890:      C230 A2 08              LDX  #8
900:      C232 4E 48 C2 LOOP21    LSR  MULT1
910:      C235 90 04              BCC  LOOP9
920:      C237 18                 CLC
930:      C238 6D 49 C2           ADC  MULT2
940:      C23B 6A        LOOP9    ROR  A
950:      C23C 6E 46 C2           ROR  RESULT
960:      C23F CA                 DEX
970:      C240 D0 F0              BNE  LOOP21
980:      C242 8D 47 C2           STA  RESULT+1
990:      C245 60                 RTS
1000:     C246 00 00    RESULT    .WORD0
1010:     C248 00       MULT1     .BYT 0
1020:     C249 00       MULT2     .BYT 0
1030:     C24A 00       COUNT     .BYT 0
1040:     C24B 00       XSTORE    .BYT 0
1050:     C24C 00       YSTORE    .BYT 0
1060:     C24D 00       EORFLAG   .BYT 0
1070:     C24E 00       CHAR      .BYT 0
1080:     C24F 00       STORE     .BYT 0
1090:     C250 00 00    STORERES  .WORD0
JC13B-C252
```

READY.

```
B*
    PC   SR AC XR YR SP
.;97FE   72 00 00 01 F6
.
C13B 4C 48 B2      JMP $B248
C13E 20 FD AE      JSR $AEFD
C141 20 1D C2      JSR $C21D
```

```
C144 A5 14        LDA $14
C146 C9 28        CMP #$28
C148 B0 F1        BCS $C13B
C14A 8D 4B C2     STA $C24B
C14D 20 FD AE     JSR $AEFD
C150 20 1D C2     JSR $C21D
C153 A5 14        LDA $14
C155 C9 19        CMP #$19
C157 B0 E2        BCS $C13B
C159 8D 4C C2     STA $C24C
C15C AD 4B C2     LDA $C24B
C15F 8D 48 C2     STA $C248
C162 A9 08        LDA #$08
C164 8D 49 C2     STA $C249
C167 20 2B C2     JSR $C22B
C16A AD 46 C2     LDA $C246
C16D 85 FB        STA $FB
C16F AD 47 C2     LDA $C247
C172 85 FC        STA $FC
C174 AD 4C C2     LDA $C24C
C177 8D 48 C2     STA $C248
C17A A9 28        LDA #$28
C17C 8D 49 C2     STA $C249
C17F 20 2B C2     JSR $C22B
C182 AD 46 C2     LDA $C246
C185 8D 50 C2     STA $C250
C188 AD 47 C2     LDA $C247
C18B 8D 51 C2     STA $C251
C18E A2 07        LDX #$07
C190 AD 46 C2     LDA $C246
C193 6D 50 C2     ADC $C250
C196 8D 46 C2     STA $C246
C199 AD 47 C2     LDA $C247
C19C 69 00        ADC #$00
C19E 8D 47 C2     STA $C247
C1A1 CA           DEX
C1A2 D0 EC        BNE $C190
C1A4 A2 07        LDX #$07
C1A6 AD 47 C2     LDA $C247
C1A9 18           CLC
C1AA 6D 51 C2     ADC $C251
```

```
C1AD 8D 47 C2      STA $C247
C1B0 CA            DEX
C1B1 D0 F3         BNE $C1A6
C1B3 AD 47 C2      LDA $C247
C1B6 18            CLC
C1B7 69 60         ADC #$60
C1B9 8D 47 C2      STA $C247
C1BC A5 FB         LDA $FB
C1BE 18            CLC
C1BF 6D 46 C2      ADC $C246
C1C2 85 FB         STA $FB
C1C4 A5 FC         LDA $FC
C1C6 6D 47 C2      ADC $C247
C1C9 85 FC         STA $FC
C1CB 20 FD AE      JSR $AEFD
C1CE 20 1D C2      JSR $C21D
C1D1 A5 14         LDA $14
C1D3 8D 4E C2      STA $C24E
C1D6 AD 4E C2      LDA $C24E
C1D9 8D 48 C2      STA $C248
C1DC A9 08         LDA #$08
C1DE 8D 49 C2      STA $C249
C1E1 20 2B C2      JSR $C22B
C1E4 AD 46 C2      LDA $C246
C1E7 85 FD         STA $FD
C1E9 AD 47 C2      LDA $C247
C1EC 18            CLC
C1ED 69 D0         ADC #$D0
C1EF 85 FE         STA $FE
C1F1 A9 00         LDA #$00
C1F3 8D 4A C2      STA $C24A
C1F6 78            SEI
C1F7 A9 33         LDA #$33
C1F9 85 01         STA $01
C1FB A0 00         LDY #$00
C1FD B1 FD         LDA ($FD),Y
C1FF 91 FB         STA ($FB),Y
C201 E6 FB         INC $FB
C203 D0 02         BNE $C207
C205 E6 FC         INC $FC
C207 E6 FD         INC $FD
```

```
C209 D0 02        BNE $C20D
C20B E6 FE        INC $FE
C20D EE 4A C2     INC $C24A
C210 AD 4A C2     LDA $C24A
C213 C9 08        CMP #$08
C215 D0 E6        BNE $C1FD
C217 A9 37        LDA #$37
C219 85 01        STA $01
C21B 58           CLI
C21C 60           RTS
C21D 20 8A AD     JSR $AD8A
C220 20 F7 B7     JSR $B7F7
C223 A5 15        LDA $15
C225 F0 03        BEQ $C22A
C227 4C 48 B2     JMP $B248
C22A 60           RTS
C22B A9 00        LDA #$00
C22D 8D 46 C2     STA $C246
C230 A2 08        LDX #$08
C232 4E 48 C2     LSR $C248
C235 90 04        BCC $C23B
C237 18           CLC
C238 6D 49 C2     ADC $C249
C23B 6A           ROR
C23C 6E 46 C2     ROR $C246
C23F CA           DEX
C240 D0 F0        BNE $C232
C242 8D 47 C2     STA $C247
C245 60           RTS
.
.
.
.
.:C246 00 00 00 00 00 00 00 00
.:C24E 00 00 00 00 10 CF A5 BA
```

24. Change bank

This routine allows easy access to the four 16K banks accessible by the VIC II chip. It does not copy the character set down. To do this, use the copy routine given above.

The syntax is SYS 828, bank (0-3)

where bank 0 is 0-16383 , 1 is 16384 to 32767 and so on.

```
PAL (C)1979 BRAD TEMPLETON
2
20:     033C                        .OPT P,OO
30:     033C                        *=    828
                            ;
                            ;ROUTINE TO CHANGE
                            ; BANK FOR
                            ;VIC II CHIP
                            ;
                            ;SYNTAX
                            ;
                            ;SYS 828,BANK (0-3)
                            ;
130:    033C 20 FD AE               JSR   $AEFD
140:    033F 20 9E B7               JSR   $B79E
150:    0342 8A                     TXA
160:    0343 C9 05                  CMP   #5
170:    0345 90 03                  BCC   MORE
180:    0347 4C 48 B2               JMP   $B248
                            ;
200:    034A AA          MORE       TAX
210:    034B BD 63 03               LDA   L53272,X
220:    034E 8D 18 D0               STA   53272
230:    0351 BD 67 03               LDA   L648,X
240:    0354 8D 88 02               STA   648
```

```
250:     0357 BD 6B 03           LDA   L56576,X
260:     035A 8D 00 DD           STA   56576
270:     035D A9 93              LDA   #"♣
280:     035F 20 D2 FF           JSR   $FFD2
290:     0362 60                 RTS
                         ;
310:     0363 15 15 15 L53272    .BYT  21,21,21,21
320:     0367 04 04 04 L648      .BYT  4,4,4,4
330:     036B 47 46 45 L56576    .BYT  71,70,69,68
]033C-036F
```

READY.

```
        B*
           PC   SR AC XR YR SP
        .;97FE  72 00 00 01 F6
        .
        033C 20 FD AE       JSR $AEFD
        033F 20 9E B7       JSR $B79E
        0342 8A             TXA
        0343 C9 05          CMP #$05
        0345 90 03          BCC $034A
        0347 4C 48 B2       JMP $B248
        034A AA             TAX
        034B BD 63 03       LDA $0363,X
        034E 8D 18 D0       STA $D018
        0351 BD 67 03       LDA $0367,X
        0354 8D 88 02       STA $0288
        0357 BD 6B 03       LDA $036B,X
        035A 8D 00 DD       STA $DD00
        035D A9 93          LDA #$93
        035F 20 D2 FF       JSR $FFD2
        0362 60             RTS
        .
        .
        .
        .
        .:0363 15 15 15 15 04 04 04 04
        .:036B 47 46 45 44 0D 20 74 03
        .
```

25. Invert

This routine inverts all or some of the high res screen (it can invert any part of memory).

The syntax is SYS 49746,start,invert

```
PAL (C)1979 BRAD TEMPLETON
2
20:     C252                            .OPT P,OO
30:     C252                            *=     $C252
                                ;FILL ROUTINE
                                ;
                                ;USES $FB AND $FC
                                ;STORE TOP ADDRESS
                                ;IN 828 AND 829
                                ;SCAN PAST COMMA
90:     C252 20 FD AE                   JSR    $AEFD
                                ;READ 16 BIT NUMBER
100:    C255 20 8A AD                   JSR    $AD8A
                                ;PUT INTO $14 AND $15
110:    C258 20 F7 B7                   JSR    $B7F7
120:    C25B A5 14                      LDA    $14
120:    C25D 85 FB                      STA    $FB
130:    C25F A5 15                      LDA    $15
130:    C261 85 FC                      STA    $FC
                                ;
150:    C263 20 FD AE                   JSR    $AEFD
                                ;SCAN PAST NEXT COMMA
160:    C266 20 8A AD                   JSR    $AD8A
170:    C269 20 F7 B7                   JSR    $B7F7
180:    C26C A5 14                      LDA    $14
180:    C26E 8D 3C 03                   STA    828
190:    C271 A5 15                      LDA    $15
190:    C273 8D 3D 03                   STA    829
```

```
210:    C276 A0 00        LOOP      LDY   #0
220:    C278 A9 FF                  LDA   #255
230:    C27A 51 FB                  EOR   ($FB),Y
240:    C27C 91 FB                  STA   ($FB),Y
250:    C27E 20 95 C2               JSR   ADD
260:    C281 A5 FB                  LDA   $FB
260:    C283 CD 3C 03               CMP   828
260:    C286 F0 03                  BEQ   CHECK
270:    C288 4C 76 C2               JMP   LOOP
280:    C28B A5 FC        CHECK     LDA   $FC
280:    C28D CD 3D 03               CMP   829
280:    C290 F0 0B                  BEQ   FINISH
290:    C292 4C 76 C2               JMP   LOOP
300:    C295 E6 FB        ADD       INC   $FB
300:    C297 F0 01                  BEQ   FCPLUS1
310:    C299 60                     RTS
320:    C29A E6 FC        FCPLUS1   INC   $FC
320:    C29C 60                     RTS
330:    C29D 60           FINISH    RTS
]C252-C29E

READY.
```

```
B*
      PC   SR AC XR YR SP
.;97FE 72 00 00 01 F6
.
C252 20 FD AE      JSR $AEFD
C255 20 8A AD      JSR $AD8A
C258 20 F7 B7      JSR $B7F7
C25B A5 14         LDA $14
C25D 85 FB         STA $FB
C25F A5 15         LDA $15
C261 85 FC         STA $FC
C263 20 FD AE      JSR $AEFD
```

```
C266 20 8A AD    JSR $AD8A
C269 20 F7 B7    JSR $B7F7
C26C A5 14       LDA $14
C26E 8D 3C 03    STA $033C
C271 A5 15       LDA $15
C273 8D 3D 03    STA $033D
C276 A0 00       LDY #$00
C278 A9 FF       LDA #$FF
C27A 51 FB       EOR ($FB),Y
C27C 91 FB       STA ($FB),Y
C27E 20 95 C2    JSR $C295
C281 A5 FB       LDA $FB
C283 CD 3C 03    CMP $033C
C286 F0 03       BEQ $C28B
C288 4C 76 C2    JMP $C276
C28B A5 FC       LDA $FC
C28D CD 3D 03    CMP $033D
C290 F0 0B       BEQ $C29D
C292 4C 76 C2    JMP $C276
C295 E6 FB       INC $FB
C297 F0 01       BEQ $C29A
C299 60          RTS
C29A E6 FC       INC $FC
C29C 60          RTS
C29D 60          RTS
```

26. Organ

The following is a simple interrupt driven organ program. It allows you to play a tune on the keyboard whether a program is running or not. The program could run with a sound shaping program, for example.

The keys used are as follows:

q w e r t y u i o p @ * ↑
and the space bar to turn the notes off

To turn on the organ type SYS 49152.

```
PAL (C) 1979 BRAD TEMPLETON
2
20:     C000                            .OPT P,OO
30:     C000                            *=    $C000
                              ;
50:     C000 78                         SEI
50:     C001 A9 1F                      LDA   #<MAIN

50:     C003 8D 14 03                   STA   788
60:     C006 A9 C0                      LDA   #>MAIN

60:     C008 8D 15 03                   STA   789
70:     C00B A9 0F                      LDA   #15
70:     C00D 8D 18 D4                   STA   54296
70:     C010 A9 21                      LDA   #33
70:     C012 8D 04 D4                   STA   54276
70:     C015 A9 38                      LDA   #<56
70:     C017 8D 05 D4                   STA   54277
70:     C01A 8D 06 D4                   STA   54278
70:     C01D 58                         CLI
70:     C01E 60                         RTS
```

```
                            ;
90:     C01F A5 C5     MAIN      LDA    197
100:    C021 A2 00               LDX    #0
100:    C023 A0 00               LDY    #0
110:    C025 DD 43 C0  LOOP      CMP    KEYDAT
A,X
120:    C028 F0 0A               BEQ    PLAYNO
TE
130:    C02A E8                  INX
130:    C02B C8                  INY
130:    C02C C8                  INY
140:    C02D E0 0F               CPX    #15
150:    C02F D0 F4               BNE    LOOP
160:    C031 4C 31 EA            JMP    $EA31
                            ;
180:    C034                PLAYNOTE =     *
190:    C034 B9 51 C0            LDA    NOTETA
BLE,Y
190:    C037 8D 01 D4            STA    54273
190:    C03A B9 52 C0            LDA    NOTETA
BLE+1,Y
190:    C03D 8D 00 D4            STA    54272
200:    C040 4C 31 EA            JMP    $EA31
210:    C043 3E 09 0E  KEYDATA   .BYT   62,9,1
4,17,22,25,30,33,38,41
220:    C04D 2E 31 36            .BYT   46,49,
54,60
                            ;
240:    C051 11 25 13  NOTETABLE.BYT    17,37,
19,63,21,154,22,227
250:    C059 19 B1 1C            .BYT   25,177
,28,214,32,94,34,75,38,126,43,52
260:    C065 2D C6 33            .BYT   45,198
,51,97,57,172,0,0
]C000-C06D


                    B*
                    PC   SR  AC  XR  YR  SP
                  .197FE 72  00  00  01  F6
```

```
C000 78            SEI
C001 A9 1F         LDA #$1F
C003 8D 14 03      STA $0314
C006 A9 C0         LDA #$C0
C008 8D 15 03      STA $0315
C00B A9 0F         LDA #$0F
C00D 8D 18 D4      STA $D418
C010 A9 21         LDA #$21
C012 8D 04 D4      STA $D404
C015 A9 38         LDA #$38
C017 8D 05 D4      STA $D405
C01A 8D 06 D4      STA $D406
C01D 58            CLI
C01E 60            RTS
C01F A5 C5         LDA $C5
C021 A2 00         LDX #$00
C023 A0 00         LDY #$00
C025 DD 43 C0      CMP $C043,X
C028 F0 0A         BEQ $C034
C02A E8            INX
C02B C8            INY
C02C C8            INY
C02D E0 0F         CPX #$0F
C02F D0 F4         BNE $C025
C031 4C 31 EA      JMP $EA31
C034 B9 51 C0      LDA $C051,Y
C037 8D 01 D4      STA $D401
C03A B9 52 C0      LDA $C052,Y
C03D 8D 00 D4      STA $D400
C040 4C 31 EA      JMP $EA31

.:C043 3E 09 0E 11 16 19 1E 21
.:C04B 26 29 2E 31 36 3C 11 25
.:C053 13 3F 15 9A 16 E3 19 B1
.:C05B 1C D6 20 5E 22 4B 26 7E
.:C063 2B 34 2D C6 33 61 39 AC
.:C06B 00 00 80 D0 F3 AD 85 C0
```

27. Sound

This routine makes sound much easier to use. It allows you to set the voice, volume, frequency and waveform for the sound.

The syntax is SYS 16384,voice,volume,frequency,waveform.

The voice is between 1 and 3. The volume is between 0 and 15. The frequency is between 0 and 65535. The waveform is one of 17 (triangle), 33 (sawtooth) and 129 (noise). Pulse waveform is not implemented. It can be set but it will not function.

The ADSR and all other features of the SID chip are set automatically.

To produce a rising tone the following routine could be used.

FOR A = 0 TO 65535 STEP100 :
SYS16384,1,15,A,33:NEXT:SYS16384,1,0,0,33

The last statement turns off the sound.

```
PAL (C)1979 BRAD TEMPLETON
2
20:     4000                        .OPT P,00
30:     4000                        *=    $4000
                            ;
                            ; SOUND ROUTINE
                            ;
                            ;SYNTAX ;
                            ;
                            ; SYS 16384,VOICE,
                            ; VOLUME,FREQ,WAVE
110:    4000 20 FD AE               JSR   $AEFD
120:    4003 20 8A AD               JSR   $AD8A
```

```
130:    4006 20 F7 B7              JSR    $B7F7
140:    4009 A5 15                 LDA    $15
150:    400B D0 3F                 BNE    IQERR
160:    400D A5 14                 LDA    $14
170:    400F 8D DA 40              STA    VOICE
                             ;
190:    4012 20 FD AE              JSR    $AEFD
200:    4015 20 8A AD              JSR    $AD8A
210:    4018 20 F7 B7              JSR    $B7F7
220:    401B A5 15                 LDA    $15
230:    401D D0 2D                 BNE    IQERR
240:    401F A5 14                 LDA    $14
250:    4021 8D DB 40              STA    VOLUME
                             ;
270:    4024 20 FD AE              JSR    $AEFD
280:    4027 20 8A AD              JSR    $AD8A
290:    402A 20 F7 B7              JSR    $B7F7
300:    402D A5 14                 LDA    $14
310:    402F 8D DD 40              STA    FREQ
320:    4032 A5 15                 LDA    $15
330:    4034 8D DE 40              STA    FREQ+1
                             ;
350:    4037 20 FD AE              JSR    $AEFD
360:    403A 20 8A AD              JSR    $AD8A
370:    403D 20 F7 B7              JSR    $B7F7
380:    4040 A5 15                 LDA    $15
390:    4042 D0 08                 BNE    IQERR
400:    4044 A5 14                 LDA    $14
410:    4046 8D DC 40              STA    WAVE
420:    4049 4C 4F 40              JMP    DO
430:    404C 4C 48 B2   IQERR      JMP    $B248
                             ;
450:    404F A2 00      DO         LDX    #0
450:    4051 AD DC 40              LDA    WAVE
460:    4054 DD DF 40   LOP        CMP    WAVETABLE,X
470:    4057 F0 08                 BEQ    MORE
480:    4059 E8                    INX
480:    405A E0 04                 CPX    #4
490:    405C D0 F6                 BNE    LOP
500:    405E 4C 4C 40              JMP    IQERR
510:    4061 AD DA 40   MORE       LDA    VOICE
```

```
520:    4064 F0 E6              BEQ     IQERR
530:    4066 C9 04              CMP     #4
540:    4068 B0 E2              BCS     IQERR
                        ;
560:    406A AD DB 40           LDA     VOLUME
570:    406D C9 10              CMP     #16
580:    406F B0 DB              BCS     IQERR
                        ;
600:    4071 AD DB 40           LDA     VOLUME
610:    4074 8D 18 D4           STA     54296
                        ;
630:    4077 AD DA 40           LDA     VOICE
                        ;
650:    407A C9 01              CMP     #1
660:    407C F0 07              BEQ     VOICE1
670:    407E C9 02              CMP     #2
680:    4080 F0 20              BEQ     VOICE2
690:    4082 4C BF 40           JMP     VOICE3
                        ;
710:    4085 AD DC 40   VOICE1  LDA     WAVE
720:    4088 8D 04 D4           STA     54276
730:    408B A9 80              LDA     #128
740:    408D 8D 05 D4           STA     54277
750:    4090 8D 06 D4           STA     54278
760:    4093 AD DD 40           LDA     FREQ
770:    4096 8D 00 D4           STA     54272
780:    4099 AD DE 40           LDA     FREQ+1
790:    409C 8D 01 D4           STA     54273
800:    409F 4C D9 40           JMP     FINISH
                        ;
820:    40A2 AD DC 40   VOICE2  LDA     WAVE
830:    40A5 8D 0B D4           STA     54283
840:    40A8 A9 80              LDA     #128
850:    40AA 8D 0C D4           STA     54284
860:    40AD 8D 0D D4           STA     54285
870:    40B0 AD DD 40           LDA     FREQ
880:    40B3 8D 07 D4           STA     54279
890:    40B6 AD DE 40           LDA     FREQ+1
900:    40B9 8D 08 D4           STA     54280
910:    40BC 4C D9 40           JMP     FINISH
                        ;
```

```
930:     40BF AD DC 40  VOICE3    LDA    WAVE
940:     40C2 8D 12 D4            STA    54290
950:     40C5 A9 80               LDA    #128
960:     40C7 8D 13 D4            STA    54291
970:     40CA 8D 14 D4            STA    54292
980:     40CD AD DD 40            LDA    FREQ
990:     40D0 8D 0E D4            STA    54286
1000:    40D3 AD DE 40            LDA    FREQ+1
1010:    40D6 8D 0F D4            STA    54287
                                ;
1030:    40D9 60        FINISH    RTS
1040:    40DA 00        VOICE     .BYT 0
1050:    40DB 00        VOLUME    .BYT 0
1060:    40DC 00        WAVE      .BYT 0
1070:    40DD 00 00     FREQ      .WORD 0
1080:    40DF 11 21 41  WAVETABLE.BYT 17,33,65,129
]4000-40E3
```

READY.

```
    B*
      PC   SR  AC  XR  YR  SP
.,97FE 72  00  00  01  F6
.
4000 20 FD AE      JSR $AEFD
4003 20 8A AD      JSR $AD8A
4006 20 F7 B7      JSR $B7F7
4009 A5 15         LDA $15
400B D0 3F         BNE $404C
400D A5 14         LDA $14
400F 8D DA 40      STA $40DA
4012 20 FD AE      JSR $AEFD
4015 20 8A AD      JSR $AD8A
4018 20 F7 B7      JSR $B7F7
401B A5 15         LDA $15
401D D0 2D         BNE $404C
401F A5 14         LDA $14
```

```
4021 8D DB 40      STA $40DB
4024 20 FD AE      JSR $AEFD
4027 20 8A AD      JSR $AD8A
402A 20 F7 B7      JSR $B7F7
402D A5 14         LDA $14
402F 8D DD 40      STA $40DD
4032 A5 15         LDA $15
4034 8D DE 40      STA $40DE
4037 20 FD AE      JSR $AEFD
403A 20 8A AD      JSR $AD8A
403D 20 F7 B7      JSR $B7F7
4040 A5 15         LDA $15
4042 D0 08         BNE $404C
4044 A5 14         LDA $14
4046 8D DC 40      STA $40DC
4049 4C 4F 40      JMP $404F
404C 4C 48 B2      JMP $B248
404F A2 00         LDX #$00
4051 AD DC 40      LDA $40DC
4054 DD DF 40      CMP $40DF,X
4057 F0 08         BEQ $4061
4059 E8            INX
405A E0 04         CPX #$04
405C D0 F6         BNE $4054
405E 4C 4C 40      JMP $404C
4061 AD DA 40      LDA $40DA
4064 F0 E6         BEQ $404C
4066 C9 04         CMP #$04
4068 B0 E2         BCS $404C
406A AD DB 40      LDA $40DB
406D C9 10         CMP #$10
406F B0 DB         BCS $404C
4071 AD DB 40      LDA $40DB
4074 8D 18 D4      STA $D418
4077 AD DA 40      LDA $40DA
407A C9 01         CMP #$01
407C F0 07         BEQ $4085
407E C9 02         CMP #$02
4080 F0 20         BEQ $40A2
4082 4C BF 40      JMP $40BF
4085 AD DC 40      LDA $40DC
```

```
4088 8D 04 D4      STA $D404
408B A9 80         LDA #$80
408D 8D 05 D4      STA $D405
4090 8D 06 D4      STA $D406
4093 AD DD 40      LDA $40DD
4096 8D 00 D4      STA $D400
4099 AD DE 40      LDA $40DE
409C 8D 01 D4      STA $D401
409F 4C D9 40      JMP $40D9
40A2 AD DC 40      LDA $40DC
40A5 8D 0B D4      STA $D40B
40A8 A9 80         LDA #$80
40AA 8D 0C D4      STA $D40C
40AD 8D 0D D4      STA $D40D
40B0 AD DD 40      LDA $40DD
40B3 8D 07 D4      STA $D407
40B6 AD DE 40      LDA $40DE
40B9 8D 08 D4      STA $D408
40BC 4C D9 40      JMP $40D9
40BF AD DC 40      LDA $40DC
40C2 8D 12 D4      STA $D412
40C5 A9 80         LDA #$80
40C7 8D 13 D4      STA $D413
40CA 8D 14 D4      STA $D414
40CD AD DD 40      LDA $40DD
40D0 8D 0E D4      STA $D40E
40D3 AD DE 40      LDA $40DE
40D6 8D 0F D4      STA $D40F
40D9 60            RTS
```

.
.
.
.
.:40DA 00 00 00 00 00 11 21 41
.:40E2 81 00 BE 00 00 00 F8 00
.

28. Envelope

This routine is similair to Sound (above) but it allows you to set the attack, decay, sustain and release as well.

Attack, decay, sustain and release are all betwen 0 and 15.

The syntax is SYS 16384, voice, volume, waveform, frequency, attack, decay, sustain, release.

```
PAL (C)1979 BRAD TEMPLETON
2
 20:      4000                       .OPT P,OO
 30:      4000                       *=    $4000
                                ;
                                ;
                                ;ENVELOPE FUNCTION
                                ;
                                ;SYNTAX
                                ;
                                ;SYS16384,VOICE,VOLUME,
                                ;WAVE,FREQ,A,D,S,R
120:      4000 20 24 41          JSR   GETPARAM
130:      4003 A5 15              LDA   #15
140:      4005 D0 6D              BNE   IQERR
150:      4007 A5 14              LDA   #14
160:      4009 8D 2E 41           STA   VOICE
170:      400C 20 24 41           JSR   GETPARAM
180:      400F A5 15              LDA   #15
190:      4011 D0 61              BNE   IQERR
200:      4013 A5 14              LDA   #14
210:      4015 8D 2F 41           STA   VOLUME
220:      4018 20 24 41           JSR   GETPARAM
230:      401B A5 15              LDA   #15
240:      401D D0 55              BNE   IQERR
```

```
250:    401F A5 14              LDA   #14
260:    4021 8D 30 41           STA   WAVE
270:    4024 20 24 41           JSR   GETPARAM
280:    4027 A5 14              LDA   #14
290:    4029 8D 31 41           STA   FREQ
300:    402C A5 15              LDA   #15
310:    402E 8D 32 41           STA   FREQ+1
320:    4031 20 24 41           JSR   GETPARAM
330:    4034 A5 15              LDA   #15
340:    4036 D0 3C              BNE   IQERR
350:    4038 A5 14              LDA   #14
360:    403A C9 10              CMP   #16
370:    403C B0 36              BCS   IQERR
380:    403E 8D 33 41           STA   ATTACK
390:    4041 20 24 41           JSR   GETPARAM
400:    4044 A5 15              LDA   #15
410:    4046 D0 2C              BNE   IQERR
420:    4048 A5 14              LDA   #14
430:    404A C9 10              CMP   #16
440:    404C B0 26              BCS   IQERR
450:    404E 8D 34 41           STA   DECAY
                        ;
470:    4051 20 24 41           JSR   GETPARAM
480:    4054 A5 15              LDA   #15
490:    4056 D0 1C              BNE   IQERR
500:    4058 A5 14              LDA   #14
510:    405A C9 10              CMP   #16
520:    405C B0 16              BCS   IQERR
530:    405E 8D 35 41           STA   SUSTAIN
                        ;
550:    4061 20 24 41           JSR   GETPARAM
560:    4064 A5 15              LDA   #15
570:    4066 D0 0C              BNE   IQERR
580:    4068 A5 14              LDA   #14
590:    406A C9 10              CMP   #16
600:    406C B0 06              BCS   IQERR
610:    406E 8D 36 41           STA   RELEASE
                        ;
630:    4071 4C 77 40           JMP   DO
                        ;
650:    4074 4C 48 B2  IQERR    JMP   $B248
```

```
                                    ;
670:    4077 AD 2F 41 DO        LDA  VOLUME
680:    407A C9 10              CMP  #16
690:    407C B0 F6              BCS  IQERR
700:    407E 8D 18 D4           STA  54296
                                    ;
                                    ;CALCULATE ADSR
                                    ;
740:    4081 AD 34 41           LDA  DECAY
750:    4084 4A                 LSR  A
760:    4085 4A                 LSR  A
770:    4086 4A                 LSR  A
780:    4087 4A                 LSR  A
790:    4088 18                 CLC
800:    4089 6D 33 41           ADC  ATTACK
810:    408C 8D 37 41           STA  AD
                                    ;
830:    408F AD 36 41           LDA  RELEASE
840:    4092 4A                 LSR  A
850:    4093 4A                 LSR  A
860:    4094 4A                 LSR  A
870:    4095 4A                 LSR  A
880:    4096 18                 CLC
890:    4097 6D 35 41           ADC  SUSTAIN
900:    409A 8D 38 41           STA  SR
                                    ;
920:    409D A2 00              LDX  #0
930:    409F AD 30 41           LDA  WAVE
940:    40A2 DD 39 41 LOOP      CMP  WAVETABLE,X
950:    40A5 F0 08              BEQ  MORE
960:    40A7 E8                 INX
960:    40A8 E0 04              CPX  #4
970:    40AA D0 F6              BNE  LOOP
980:    40AC 4C 48 B2 IQERR1    JMP  $B248 ;IQERR
                                    ;
1000:   40AF AD 2E 41 MORE      LDA  VOICE
1010:   40B2 F0 F8              BEQ  IQERR1
1020:   40B4 C9 04              CMP  #4
1030:   40B6 B0 F4              BCS  IQERR1
                                    ;
1050:   40B8 C9 01              CMP  #1
```

```
1060:   40BA F0 07                    BEQ   VOICE1
1070:   40BC C9 02                    CMP   #2
1080:   40BE F0 24                    BEQ   VOICE2
1090:   40C0 4C 05 41                 JMP   VOICE3
                              ;
                              ;
1120:   40C3 AD 30 41  VOICE1  LDA   WAVE
1130:   40C6 8D 04 D4          STA   54276
1140:   40C9 AD 37 41          LDA   AD
1150:   40CC 8D 05 D4          STA   54277
1160:   40CF AD 38 41          LDA   SR
1170:   40D2 8D 06 D4          STA   54278
1180:   40D5 AD 31 41          LDA   FREQ
1190:   40D8 8D 00 D4          STA   54272
1200:   40DB AD 32 41          LDA   FREQ+1
1210:   40DE 8D 01 D4          STA   54273
1220:   40E1 4C 23 41          JMP   FINISH
                              ;
1240:   40E4 AD 30 41  VOICE2  LDA   WAVE
1250:   40E7 8D 0B D4          STA   54283
1260:   40EA AD 37 41          LDA   AD
1270:   40ED 8D 0C D4          STA   54284
1280:   40F0 AD 38 41          LDA   SR
1290:   40F3 8D 0D D4          STA   54285
1300:   40F6 AD 31 41          LDA   FREQ
1310:   40F9 8D 07 D4          STA   54279
1320:   40FC AD 32 41          LDA   FREQ+1
1330:   40FF 8D 08 D4          STA   54280
1340:   4102 4C 23 41          JMP   FINISH
                              ;
1360:   4105 AD 30 41  VOICE3  LDA   WAVE
1370:   4108 8D 12 D4          STA   54290
1380:   410B AD 37 41          LDA   AD
1390:   410E 8D 13 D4          STA   54291
1400:   4111 AD 38 41          LDA   SR
1410:   4114 8D 14 D4          STA   54292
1420:   4117 AD 31 41          LDA   FREQ
1430:   411A 8D 0E D4          STA   54286
1440:   411D AD 32 41          LDA   FREQ+1
1450:   4120 8D 0F D4          STA   54287
                              ;
```

```
1480:   4123 60              FINISH   RTS
1490:   4124 20 FD AE        GETPARAM JSR     $AEFD
1500:   4127 20 8A AD                 JSR     $AD8A
1510:   412A 20 F7 B7                 JSR     $B7F7
1520:   412D 60                       RTS
1530:   412E 00              VOICE    .BYT 0
1540:   412F 00              VOLUME   .BYT 0
1550:   4130 00              WAVE     .BYT 0
1560:   4131 00 00           FREQ     .WORD 0
1570:   4133 00              ATTACK   .BYT 0
1580:   4134 00              DECAY    .BYT 0
1590:   4135 00              SUSTAIN  .BYT 0
1600:   4136 00              RELEASE  .BYT 0
1610:   4137 00              AD       .BYT 0
1620:   4138 00              SR       .BYT 0
1630:   4139 11 21 41        WAVETABLE.BYT 17,33,65,129
]4000-413D
```

READY.

```
B*
       PC   SR AC XR YR SP
.;97FE 72 00 00 01 F6
.
4000 20 24 41         JSR $4124
4003 A5 15            LDA $15
4005 D0 6D            BNE $4074
4007 A5 14            LDA $14
4009 8D 2E 41         STA $412E
400C 20 24 41         JSR $4124
400F A5 15            LDA $15
4011 D0 61            BNE $4074
4013 A5 14            LDA $14
4015 8D 2F 41         STA $412F
4018 20 24 41         JSR $4124
```

```
401B A5 15        LDA $15
401D D0 55        BNE $4074
401F A5 14        LDA $14
4021 8D 30 41     STA $4130
4024 20 24 41     JSR $4124
4027 A5 14        LDA $14
4029 8D 31 41     STA $4131
402C A5 15        LDA $15
402E 8D 32 41     STA $4132
4031 20 24 41     JSR $4124
4034 A5 15        LDA $15
4036 D0 3C        BNE $4074
4038 A5 14        LDA $14
403A C9 10        CMP #$10
403C B0 36        BCS $4074
403E 8D 33 41     STA $4133
4041 20 24 41     JSR $4124
4044 A5 15        LDA $15
4046 D0 2C        BNE $4074
4048 A5 14        LDA $14
404A C9 10        CMP #$10
404C B0 26        BCS $4074
404E 8D 34 41     STA $4134
4051 20 24 41     JSR $4124
4054 A5 15        LDA $15
4056 D0 1C        BNE $4074
4058 A5 14        LDA $14
405A C9 10        CMP #$10
405C B0 16        BCS $4074
405E 8D 35 41     STA $4135
4061 20 24 41     JSR $4124
4064 A5 15        LDA $15
4066 D0 0C        BNE $4074
4068 A5 14        LDA $14
406A C9 10        CMP #$10
406C B0 06        BCS $4074
406E 8D 36 41     STA $4136
4071 4C 77 40     JMP $4077
4074 4C 48 B2     JMP $B248
4077 AD 2F 41     LDA $412F
407A C9 10        CMP #$10
```

```
407C B0 F6          BCS #4074
407E 8D 18 D4       STA #D418
4081 AD 34 41       LDA #4134
4084 4A             LSR
4085 4A             LSR
4086 4A             LSR
4087 4A             LSR
4088 18             CLC
4089 6D 33 41       ADC #4133
408C 8D 37 41       STA #4137
408F AD 36 41       LDA #4136
4092 4A             LSR
4093 4A             LSR
4094 4A             LSR
4095 4A             LSR
4096 18             CLC
4097 6D 35 41       ADC #4135
409A 8D 38 41       STA #4138
409D A2 00          LDX #$00
409F AD 30 41       LDA #4130
40A2 DD 39 41       CMP #4139,X
40A5 F0 08          BEQ #40AF
40A7 E8             INX
40A8 E0 04          CPX #$04
40AA D0 F6          BNE #40A2
40AC 4C 48 B2       JMP #B248
40AF AD 2E 41       LDA #412E
40B2 F0 F8          BEQ #40AC
40B4 C9 04          CMP #$04
40B6 B0 F4          BCS #40AC
40B8 C9 01          CMP #$01
40BA F0 07          BEQ #40C3
40BC C9 02          CMP #$02
40BE F0 24          BEQ #40E4
40C0 4C 05 41       JMP #4105
40C3 AD 30 41       LDA #4130
40C6 8D 04 D4       STA #D404
40C9 AD 37 41       LDA #4137
40CC 8D 05 D4       STA #D405
40CF AD 38 41       LDA #4138
40D2 8D 06 D4       STA #D406
```

```
40D5 AD 31 41      LDA #4131
40D8 8D 00 D4      STA $D400
40DB AD 32 41      LDA #4132
40DE 8D 01 D4      STA $D401
40E1 4C 23 41      JMP #4123
40E4 AD 30 41      LDA #4130
40E7 8D 0B D4      STA $D40B
40EA AD 37 41      LDA #4137
40ED 8D 0C D4      STA $D40C
40F0 AD 38 41      LDA #4138
40F3 8D 0D D4      STA $D40D
40F6 AD 31 41      LDA #4131
40F9 8D 07 D4      STA $D407
40FC AD 32 41      LDA #4132
40FF 8D 08 D4      STA $D408
4102 4C 23 41      JMP #4123
4105 AD 30 41      LDA #4130
4108 8D 12 D4      STA $D412
410B AD 37 41      LDA #4137
410E 8D 13 D4      STA $D413
4111 AD 38 41      LDA #4138
4114 8D 14 D4      STA $D414
4117 AD 31 41      LDA #4131
411A 8D 0E D4      STA $D40E
411D AD 32 41      LDA #4132
4120 8D 0F D4      STA $D40F
4123 60            RTS
4124 20 FD AE      JSR $AEFD
4127 20 8A AD      JSR $AD8A
412A 20 F7 B7      JSR $B7F7
412D 60            RTS
.

.
.:412E 00 00 00 00 00 00 00 00
.:4136 00 00 00 11 21 41 81 04
.
```

29. DIR

This routine allows you to read the disk directory (of either or both drives on a dual drive (not two 1541s)). It does not disturb the program in memory.

The syntax is SYS 16384,drive

where drive is 0 or 1, or 2 if both drives are to be read.

```
PAL (C)1979 BRAD TEMPLETON
2
 20:    3FFD                            .OPT  P,OO
 30:    3FFD                            *=    16381
 40:    3FFD              FNLENGTH  =   $B7
 50:    3FFD              SECADR    =   $B9
 60:    3FFD              DEVNUM    =   $BA
 70:    3FFD              FNADD     =   $BB
 80:    3FFD              FNLEN     =   $FD
 90:    3FFD              TEMP      =   $FB
100:    3FFD              ST        =   $90
110:    3FFD              SENDFNAM  =   $F3D5
120:    3FFD              CLOSEFIL  =   $F642
130:    3FFD              SENDSEC   =   $FF96
140:    3FFD              IECTALK   =   $FFB4
150:    3FFD              IECINP    =   $FFA5
160:    3FFD              LINENO    =   $BDCD
170:    3FFD              PRINT     =   $FFD2
180:    3FFD              CR        =   13
                                     ;
200:    3FFD 4C 48 B2     IQERR     JMP   $B248
                                    ;DIR SYNTAX SYS 16384
220:    4000 20 FD AE               JSR   $AEFD
230:    4003 20 9E B7               JSR   $B79E
240:    4006 8A                     TXA
```

```
250:    4007 C9 03              CMP     #3
260:    4009 B0 F2              BCS     IQERR
270:    400B C9 00              CMP     #0
270:    400D F0 0F              BEQ     ZERO
280:    400F C9 01              CMP     #1
290:    4011 D0 16              BNE     BOTH
300:    4013 A9 31              LDA     #"1"
310:    4015 85 FC              STA     $FC
320:    4017 A9 02              LDA     #2
330:    4019 85 FD              STA     FNLEN
340:    401B 4C 2D 40           JMP     DIR
                        ;
360:    401E            ZERO    =       *
370:    401E A9 30              LDA     #"0"
380:    4020 85 FC              STA     $FC
390:    4022 A9 02              LDA     #2
400:    4024 85 FD              STA     FNLEN
410:    4026 4C 2D 40           JMP     DIR
420:    4029 A9 01      BOTH    LDA     #1
430:    402B 85 FD              STA     FNLEN
                        ;
450:    402D A9 00      DIR     LDA     #0
460:    402F 85 90              STA     ST
470:    4031 A9 24              LDA     #"$"
480:    4033 85 FB              STA     TEMP
490:    4035 A9 FB              LDA     #<TEMP
500:    4037 85 BB              STA     FNADD
510:    4039 A9 00              LDA     #>TEMP
520:    403B 85 BC              STA     FNADD+1
530:    403D A5 FD              LDA     FNLEN
540:    403F 85 B7              STA     FNLENGTH
550:    4041 A9 08              LDA     #8
560:    4043 85 BA              STA     DEVNUM
570:    4045 A9 60              LDA     #$60
580:    4047 85 B9              STA     SECADR
590:    4049 20 D5 F3           JSR     SENDFNAM
600:    404C A5 BA              LDA     DEVNUM
610:    404E 20 B4 FF           JSR     IECTALK
620:    4051 A5 B9              LDA     SECADR
630:    4053 20 96 FF           JSR     SENDSEC
640:    4056 A4 90              LDY     ST
```

```
650:    4058 D0 3D              BNE    DLIST4
660:    405A A0 06              LDY    #6
670:    405C 84 FB     DLIST1   STY    TEMP
680:    405E 20 A5 FF           JSR    IECINP
690:    4061 A6 FC              LDX    TEMP+1
700:    4063 85 FC              STA    TEMP+1
710:    4065 A4 90              LDY    ST
720:    4067 D0 2E              BNE    DLIST4
730:    4069 A4 FB              LDY    TEMP
740:    406B 88                 DEY
750:    406C D0 EE              BNE    DLIST1
760:    406E A4 FC              LDY    TEMP+1
770:    4070 20 CD BD           JSR    LINENO
780:    4073 A9 20              LDA    #$20
790:    4075 20 D2 FF           JSR    PRINT
800:    4078 20 A5 FF  DLIST3   JSR    IECINP
810:    407B A6 90              LDX    ST
820:    407D D0 18              BNE    DLIST4
830:    407F AA                 TAX
840:    4080 F0 06              BEQ    DLIST2
850:    4082 20 D2 FF           JSR    PRINT
860:    4085 4C 78 40           JMP    DLIST3
870:    4088 A9 0D     DLIST2   LDA    #CR
880:    408A 20 D2 FF           JSR    PRINT
890:    408D A5 C5              LDA    $C5
900:    408F C9 3F              CMP    #63
900:    4091 F0 04              BEQ    DLIST4
910:    4093 A0 04              LDY    #4
920:    4095 D0 C5              BNE    DLIST1
930:    4097 20 42 F6  DLIST4   JSR    CLOSEFIL
940:    409A 60                 RTS
]3FFD-409B

READY.
```

```
B*
    PC   SR AC XR YR SP
.197FE   72 00 00 01 F6
.
4000 20 FD AE        JSR $AEFD
4003 20 9E B7        JSR $B79E
4006 8A              TXA
4007 C9 03           CMP #$03
4009 B0 F2           BCS $3FFD
400B C9 00           CMP #$00
400D F0 0F           BEQ $401E
400F C9 01           CMP #$01
4011 D0 16           BNE $4029
4013 A9 31           LDA #$31
4015 85 FC           STA $FC
4017 A9 02           LDA #$02
4019 85 FD           STA $FD
401B 4C 2D 40        JMP $402D
401E A9 30           LDA #$30
4020 85 FC           STA $FC
4022 A9 02           LDA #$02
4024 85 FD           STA $FD
4026 4C 2D 40        JMP $402D
4029 A9 01           LDA #$01
402B 85 FD           STA $FD
402D A9 00           LDA #$00
402F 85 90           STA $90
4031 A9 24           LDA #$24
4033 85 FB           STA $FB
4035 A9 FB           LDA #$FB
4037 85 BB           STA $BB
4039 A9 00           LDA #$00
403B 85 BC           STA $BC
403D A5 FD           LDA $FD
403F 85 B7           STA $B7
4041 A9 08           LDA #$08
4043 85 BA           STA $BA
4045 A9 60           LDA #$60
4047 85 B9           STA $B9
4049 20 D5 F3        JSR $F3D5
404C A5 BA           LDA $BA
```

```
404E 20 B4 FF     JSR $FFB4
4051 A5 B9        LDA $B9
4053 20 96 FF     JSR $FF96
4056 A4 90        LDY $90
4058 D0 3D        BNE $4097
405A A0 06        LDY #$06
405C 84 FB        STY $FB
405E 20 A5 FF     JSR $FFA5
4061 A6 FC        LDX $FC
4063 85 FC        STA $FC
4065 A4 90        LDY $90
4067 D0 2E        BNE $4097
4069 A4 FB        LDY $FB
406B 88           DEY
406C D0 EE        BNE $405C
406E A4 FC        LDY $FC
4070 20 CD BD     JSR $BDCD
4073 A9 20        LDA #$20
4075 20 D2 FF     JSR $FFD2
4078 20 A5 FF     JSR $FFA5
407B A6 90        LDX $90
407D D0 18        BNE $4097
407F AA           TAX
4080 F0 06        BEQ $4088
4082 20 D2 FF     JSR $FFD2
4085 4C 78 40     JMP $4078
4088 A9 0D        LDA #$0D
408A 20 D2 FF     JSR $FFD2
408D A5 C5        LDA $C5
408F C9 3F        CMP #$3F
4091 F0 04        BEQ $4097
4093 A0 04        LDY #$04
4095 D0 C5        BNE $405C
4097 20 42 F6     JSR $F642
409A 60           RTS
```

30. MSAVE

The following routine allows you save any specified area of memory. You specify the filename, the device, the secondary address, the start address and the finishing address + 1.

The syntax is as follows:

SYS 16384,"name",device,1,start,finish + 1

```
PAL  (C)1979 BRAD TEMPLETON
2
20:    4000                          .OPT  P,00
30:    4000                          *=    $4000
                        ;
50:    4000 20 FD AE                 JSR   $AEFD
60:    4003 20 D4 E1                 JSR   $E1D4
70:    4006 20 FD AE                 JSR   $AEFD
80:    4009 20 8A AD                 JSR   $AD8A
90:    400C 20 F7 B7                 JSR   $B7F7
100:   400F A5 14                    LDA   $14
110:   4011 48                       PHA
120:   4012 A5 15                    LDA   $15
130:   4014 48                       PHA
140:   4015 20 FD AE                 JSR   $AEFD
150:   4018 20 8A AD                 JSR   $AD8A
160:   401B 20 F7 B7                 JSR   $B7F7
170:   401E A6 14                    LDX   $14
180:   4020 A4 15                    LDY   $15
190:   4022 68                       PLA
200:   4023 85 FC                    STA   $FC
210:   4025 68                       PLA
220:   4026 85 FB                    STA   $FB
```

```
230:     4028 A9 FB              LDA #$FB
240:     402A 4C 5F E1           JMP $E15F
]4000-402D

READY.




          B*
              PC   SR AC XR YR SP
          .;97FE  72 00 00 01 F6
          .
          .
          4000 20 FD AE          JSR $AEFD
          4003 20 D4 E1          JSR $E1D4
          4006 20 FD AE          JSR $AEFD
          4009 20 8A AD          JSR $AD8A
          400C 20 F7 B7          JSR $B7F7
          400F A5 14             LDA $14
          4011 48                PHA
          4012 A5 15             LDA $15
          4014 48                PHA
          4015 20 FD AE          JSR $AEFD
          4018 20 8A AD          JSR $AD8A
          401B 20 F7 B7          JSR $B7F7
          401E A6 14             LDX $14
          4020 A4 15             LDY $15
          4022 68                PLA
          4023 85 FC             STA $FC
          4025 68                PLA
          4026 85 FB             STA $FB
          4028 A9 FB             LDA #$FB
          402A 4C 5F E1          JMP $E15F
          .
```

31. MLOAD/MVERIFY

The following routine allows you to load or verify to or from a specified area of memory. The load enables you to load into any area of memory, whether it was saved from that area or not. The verify allows you to verify a specific area of memory.

The syntax for MLOAD is as follows:

   SYS 16394,"name",device,1,start address

The syntax for MVERIFY is as follows:

   SYS 16384,"name",device,1,start

```
PAL (C)1979 BRAD TEMPLETON
2
20:     4000                          .OPT P,OO
30:     4000                          *=    $4000
40:     4000 20 FD AE  MVERIFY  JSR   $AEFD
50:     4003 A9 01              LDA   #1
60:     4005 85 0A              STA   $A
70:     4007 4C 11 40           JMP   LO
80:     400A 20 FD AE  MLOAD    JSR   $AEFD
90:     400D A9 00              LDA   #0
100:    400F 85 0A              STA   $A
110:    4011 20 D4 E1  LO       JSR   $E1D4
120:    4014 20 FD AE           JSR   $AEFD
130:    4017 20 8A AD           JSR   $AD8A
140:    401A 20 F7 B7           JSR   $B7F7
150:    401D A5 0A              LDA   $A
160:    401F A6 14              LDX   $14
170:    4021 A4 15              LDY   $15
180:    4023 4C 75 E1           JMP   $E175
]4000-4026

READY.
```

```
B*
    PC   SR AC XR YR SP
.;97FE  72 00 00 01 F6
.
4000 20 FD AE      JSR $AEFD
4003 A9 01         LDA #$01
4005 85 0A         STA $0A
4007 4C 11 40      JMP $4011
400A 20 FD AE      JSR $AEFD
400D A9 00         LDA #$00
400F 85 0A         STA $0A
4011 20 D4 E1      JSR $E1D4
4014 20 FD AE      JSR $AEFD
4017 20 8A AD      JSR $AD8A
401A 20 F7 B7      JSR $B7F7
401D A5 0A         LDA $0A
401F A6 14         LDX $14
4021 A4 15         LDY $15
4023 4C 75 E1      JMP $E175
```

32. Disk

This routine allows you to send a command to the command channel of the disk drive, e.g. initialise or format.

It replaces the following in Basic:

OPEN15,8,15,"COMMAND"

The syntax is as follows:

SYS 16384,"command"

```
PAL (C)1979 BRAD TEMPLETON
2
 20:     4000                            .OPT P,00
 30:     4000                        *=      $4000
                              ; SYNTAX SYS16384,
                              ; "COMMAND"
 60:     4000              CLOSE    =   $FFC3
 70:     4000              OPEN     =   $FFC0
 80:     4000              GETNAME  =   $E257
 90:     4000              NEXTQ    =   $E206
100:     4000              SETFNA   =   $FFBD
110:     4000              SETFPA   =   $FFBA
120:     4000              GIVERR   =   $E0F9
                              ;
140:     4000 20 FD AE        JSR    $AEFD
150:     4003 A9 0F           LDA    #15
160:     4005 20 C3 FF        JSR    CLOSE
170:     4008 20 16 40        JSR    GETFPAR
180:     400B 20 C0 FF        JSR    OPEN
190:     400E B0 1A           BCS    ERROR
200:     4010 A9 0F           LDA    #15
210:     4012 20 C3 FF        JSR    CLOSE
```

```
220:    4015 60                         RTS
                                I
240:    4016 A9 00      GETFPAR LDA     #0
250:    4018 20 BD FF           JSR     SETFNA
260:    401B A9 0F             LDA     #15
270:    401D A8                 TAY
280:    401E A2 08              LDX     #8
290:    4020 20 BA FF           JSR     SETFPA
300:    4023 20 06 E2           JSR     NEXTQ
310:    4026 20 57 E2           JSR     GETNAME
320:    4029 60                 RTS
330:    402A 4C F9 E0   ERROR   JMP     GIVERR
14000-402D

READY.
```

```
B*
    PC   SR AC XR YR SP
.;97FE  72 00 00 01 F6
.
4000 20 FD AE      JSR $AEFD
4003 A9 0F         LDA #$0F
4005 20 C3 FF      JSR $FFC3
4008 20 16 40      JSR $4016
400B 20 C0 FF      JSR $FFC0
400E B0 1A         BCS $402A
4010 A9 0F         LDA #$0F
4012 20 C3 FF      JSR $FFC3
4015 60            RTS
4016 A9 00         LDA #$00
4018 20 BD FF      JSR $FFBD
401B A9 0F         LDA #$0F
401D A8            TAY
401E A2 08         LDX #$08
4020 20 BA FF      JSR $FFBA
4023 20 06 E2      JSR $E206
4026 20 57 E2      JSR $E257
4029 60            RTS
402A 4C F9 E0      JMP $E0F9
    .
```

33. DERROR

This routine allows you to read the disk error channel in direct mode or during a program.

It replaces the following BASIC program:

10 OPEN15,8,15
20 INPUT#15,A$,B$,C$,D$,E$
30 PRINT A$;B$;C$;D$;E$
40 CLOSE15

The syntax is SYS 16384

```
PAL (C)1979 BRAD TEMPLETON
2
 20:   4000                          .OPT  P,00
 30:   4000                          *=    $4000
 40:   4000            ST       =    $90
 50:   4000            DEVNUM   =    $BA
 60:   4000            SECADR   =    $B9
 70:   4000            IECTALK  =    $FFB4
 80:   4000            SENDSEC  =    $FF96
 90:   4000            IECINP   =    $FFA5
100:   4000            PRINT    =    $FFD2
110:   4000            UNTALK   =    $FFAB
                       ;
                       ;DERROR COMMAND
                       ;
150:   4000 A9 00               LDA   #0
160:   4002 85 90               STA   ST
170:   4004 A9 08               LDA   #8
180:   4006 85 BA               STA   DEVNUM
190:   4008 20 B4 FF             JSR   IECTALK
200:   400B A9 6F               LDA   #$6F
```

```
210:    400D 85 B9                  STA  SECADR
220:    400F 20 96 FF               JSR  SENDSEC
230:    4012 A4 90        LOOP      LDY  ST
240:    4014 D0 0A                  BNE  DERR4
250:    4016 20 A5 FF               JSR  IECINP
260:    4019 20 D2 FF               JSR  PRINT
270:    401C C9 0D                  CMP  #13
280:    401E D0 F2                  BNE  LOOP
290:    4020 20 AB FF     DERR4     JSR  UNTALK
300:    4023 60                     RTS
]4000-4024
```

READY.

```
B*
     PC   SR AC XR YR SP
.;97FE 72 00 00 01 F6
.
4000 A9 00            LDA #$00
4002 85 90            STA $90
4004 A9 08            LDA #$08
4006 85 BA            STA $BA
4008 20 B4 FF         JSR $FFB4
400B A9 6F            LDA #$6F
400D 85 B9            STA $B9
400F 20 96 FF         JSR $FF96
4012 A4 90            LDY $90
4014 D0 0A            BNE $4020
4016 20 A5 FF         JSR $FFA5
4019 20 D2 FF         JSR $FFD2
401C C9 0D            CMP #$0D
401E D0 F2            BNE $4012
4020 20 AB FF         JSR $FFAB
4023 60               RTS
.
```

34. Scroll message

This routine allows a message to be scrolled across the screen independently of anything else. This could be useful during the introduction to a game, for example.

The text to be scrolled across can be any length from 1 character onwards. The text must end with a $FF (255) byte to tell the routine to start from the beginning again.

Three parameters are required by the routine: the start location of the text in memory, the rate of scrolling and the colour of the text. If for example you wanted one new letter to appear on the screen once every sixth of a second then the rate would be 10 (as 10/60 is one sixth).

The syntax is as follows:

    SYS 16384,start of text,rate,colour

```
PAL  (C)1979  BRAD  TEMPLETON
2
20:    4000                      .OPT  P,OO
30:    4000                      *=    $4000

                          ;
50:    4000  20 FD AE             JSR   $AEFD

60:    4003  20 8A AD             JSR   $AD8A

70:    4006  20 F7 B7             JSR   $B7F7

                          ;
90:    4009  A5 14                LDA   $14
100:   400B  85 FB                STA   $FB
```

```
100:    400D 8D 96 40            STA    TEMPFB
110:    4010 A5 15               LDA    $15
120:    4012 85 FC               STA    $FC
120:    4014 8D 97 40            STA    TEMPFC
                         ;
140:    4017 20 FD AE            JSR    $AEFD
150:    401A 20 9E B7            JSR    $B79E
160:    401D 8A                  TXA
170:    401E 8D 95 40            STA    TEMP
180:    4021 8D 94 40            STA    COUNTER
190:    4024 20 FD AE            JSR    $AEFD
200:    4027 20 9E B7            JSR    $B79E
210:    402A 8E 98 40            STX    COLOUR
                         ;
230:    402D 78                  SEI
240:    402E A9 3A               LDA    #<MAIN
250:    4030 8D 14 03            STA    788
260:    4033 A9 40               LDA    #>MAIN
270:    4035 8D 15 03            STA    789
280:    4038 58                  CLI
290:    4039 60                  RTS
                         ;
                         ;
320:    403A CE 94 40  MAIN      DEC    COUNTER
330:    403D D0 38               BNE    FINISH
                         ;
350:    403F AD 95 40            LDA    TEMP
360:    4042 8D 94 40            STA    COUNTER
```

```
370:     4045 A2 00                LDX  #0
380:     4047 BD 99 07 LOOP       LDA  1945,X
390:     404A 9D 98 07             STA  1944,X
400:     404D BD 99 DB             LDA  1945+54272,X
410:     4050 9D 98 DB             STA  1944+54272,X
420:     4053 E8                   INX
430:     4054 E0 27                CPX  #39
440:     4056 D0 EF                BNE  LOOP
                            ;
460:     4058 A0 00                LDY  #0
470:     405A B1 FB                LDA  ($FB),Y
480:     405C C9 3F                CMP  #63
481:     405E B0 03                BCS  SUBTR

482:     4060 4C 66 40             JMP  PUTON

483:     4063 38       SUBTR      SEC
484:     4064 E9 40                SBC  #64
500:     4066 8D BF 07 PUTON      STA  1983
510:     4069 20 7A 40             JSR  INCREMENT
520:     406C A5 FC                LDA  $FC
530:     406E 18                   CLC
540:     406F 69 D4                ADC  #212
550:     4071 AD 98 40             LDA  COLOUR
560:     4074 8D BF DB             STA  1983+54272
                            ;
580:     4077 4C 31 EA FINISH     JMP  $EA31

590:     407A E6 FB    INCREMENT  INC  $FB
600:     407C D0 02                BNE  CHECK

610:     407E E6 FC                INC  $FC
                            ;
```

135

```
630:    4080 A0 00      CHECK       LDY   #0
640:    4082 B1 FB                  LDA   ($FB),Y
650:    4084 C9 FF                  CMP   #$FF
660:    4086 F0 01                  BEQ   RESET
670:    4088 60                     RTS
680:    4089 AD 96 40   RESET       LDA   TEMPFB
690:    408C 85 FB                  STA   $FB
700:    408E AD 97 40               LDA   TEMPFC
710:    4091 85 FC                  STA   $FC
720:    4093 60                     RTS
730:    4094 00         COUNTER     .BYT  0
740:    4095 00         TEMP        .BYT  0
750:    4096 00         TEMPFB      .BYT  0
760:    4097 00         TEMPFC      .BYT  0
770:    4098 00         COLOUR      .BYT  0
780:    4099 48 45 4C               .ASC  "HELLO I AM A CBM 64 MICRO-"
790:    40B3 43 4F 4D               .ASC  "COMPUTER AND I AM 64 "
800:    40C8 FF                     .BYT  $FF
J4000-40C9
```

```
B*
        PC   SR AC XR YR SP
.;97FE  72 00 00 40 F6

4000 20 FD AE     JSR $AEFD
4003 20 8A AD     JSR $AD8A
4006 20 F7 B7     JSR $B7F7
4009 A5 14        LDA $14
400B 85 FB        STA $FB
400D 8D 96 40     STA $4096
4010 A5 15        LDA $15
4012 85 FC        STA $FC
```

```
4014 8D 97 40        STA $4097
4017 20 FD AE        JSR $AEFD
401A 20 9E B7        JSR $B79E
401D 8A              TXA
401E 8D 95 40        STA $4095
4021 8D 94 40        STA $4094
4024 20 FD AE        JSR $AEFD
4027 20 9E B7        JSR $B79E
402A 8E 98 40        STX $4098
402D 78              SEI
402E A9 3A           LDA #$3A
4030 8D 14 03        STA $0314
4033 A9 40           LDA #$40
4035 8D 15 03        STA $0315
4038 58              CLI
4039 60              RTS
403A CE 94 40        DEC $4094
403D D0 38           BNE $4077
403F AD 95 40        LDA $4095
4042 8D 94 40        STA $4094
4045 A2 00           LDX #$00
4047 BD 99 07        LDA $0799,X
404A 9D 98 07        STA $0798,X
404D BD 99 DB        LDA $DB99,X
4050 9D 98 DB        STA $DB98,X
4053 E8              INX
4054 E0 27           CPX #$27
4056 D0 EF           BNE $4047
4058 A0 00           LDY #$00
405A B1 FB           LDA ($FB),Y
405C C9 3F           CMP #$3F
405E B0 03           BCS $4063
4060 4C 66 40        JMP $4066
4063 38              SEC
4064 E9 40           SBC #$40
4066 8D BF 07        STA $07BF
4069 20 7A 40        JSR $407A
406C A5 FC           LDA $FC
406E 18              CLC
406F 69 D4           ADC #$D4
4071 AD 98 40        LDA $4098
```

```
4074 8D BF DB        STA $DBBF
4077 4C 31 EA        JMP $EA31
407A E6 FB           INC $FB
407C D0 02           BNE $4080
407E E6 FC           INC $FC
4080 A0 00           LDY #$00
4082 B1 FB           LDA ($FB),Y
4084 C9 FF           CMP #$FF
4086 F0 01           BEQ $4089
4088 60              RTS
4089 AD 96 40        LDA $4096
408C 85 FB           STA $FB
408E AD 97 40        LDA $4097
4091 85 FC           STA $FC
4093 60              RTS
```
·

·
```
.:4094 00 00 00 00 00 48 45 4C
.:409C 4C 4F 20 49 20 41 4D 20
.:40A4 41 20 43 42 4D 20 36 34
.:40AC 20 4D 49 43 52 4F 2D 43
.:40B4 4F 4D 50 55 54 45 52 20
.:40BC 41 4E 44 20 49 20 41 4D
.:40C4 20 36 34 20 FF AD 37 41
```
·

35. Flash screen

This routine allows you to flash the screen colour from one colour to another at a specified rate.

The syntax is as follows:

SYS 16384,colour1,colour2,rate

where colour1 is the first colour, colour2 is the second and rate is the number of 60ths of a second between flashes, e.g. 10 is 1/6 second. Setting the rate to 0 switches off the flash.

```
PAL (C)1979 BRAD TEMPLETON
2
20:    4000                         .OPT P,OO
30:    4000                         *=      $4000
                            ; SYNTAX
                            ; SYSFLASH,COLOUR1,
                            ; COLOUR2,NO OF
                            ; CHANGES A SECOND
50:    4000 20 FD AE                JSR     $AEFD
70:    4003 20 8A AD                JSR     $AD8A
80:    4006 20 F7 B7                JSR     $B7F7
90:    4009 A5 15                   LDA     $15
90:    400B F0 03                   BEQ     MORE
90:    400D 4C 48 B2                JMP     $B248
100:   4010 A5 14           MORE    LDA     $14
101:   4012 8D 8E 40                STA     TEMP
102:   4015 20 FD AE                JSR     $AEFD
110:   4018 20 8A AD                JSR     $AD8A
120:   401B 20 F7 B7                JSR     $B7F7
130:   401E A5 15                   LDA     $15
```

```
140:    4020 F0 03                      BEQ     MORE1
150:    4022 4C 48 B2                   JMP     $B248
160:    4025 A5 14          MORE1       LDA     $14
170:    4027 8D 8F 40                   STA     TEMP+1
180:    402A 20 FD AE                   JSR     $AEFD
190:    402D 20 8A AD                   JSR     $AD8A
200:    4030 20 F7 B7                   JSR     $B7F7
210:    4033 A5 15                      LDA     $15
220:    4035 F0 03                      BEQ     MORE2
230:    4037 4C 48 B2                   JMP     $B248
240:    403A A5 14          MORE2       LDA     $14
240:    403C F0 43                      BEQ     RESET
250:    403E 8D 90 40                   STA     TEMP+2
250:    4041 78                         SEI
260:    4042 A9 54                      LDA     #<MAIN
270:    4044 8D 14 03                   STA     788
280:    4047 A9 40                      LDA     #>MAIN
290:    4049 8D 15 03                   STA     789
300:    404C 58                         CLI
310:    404D AD 90 40                   LDA     TEMP+2
310:    4050 8D 91 40                   STA     TEMP+3
320:    4053 60                         RTS
330:    4054                MAIN        =       *
340:    4054 CE 91 40                   DEC     TEMP+3
350:    4057 D0 25                      BNE     FINISH
360:    4059 AD 21 D0                   LDA     53281
360:    405C 29 0F                      AND     #15
370:    405E CD 8F 40                   CMP     TEMP+1
380:    4061 F0 0F                      BEQ     DO0
390:    4063 AD 8F 40                   LDA     TEMP+1
400:    4066 8D 21 D0                   STA     53281
400:    4069 AD 90 40                   LDA     TEMP+2
400:    406C 8D 91 40                   STA     TEMP+3
410:    406F 4C 7E 40                   JMP     FINISH
420:    4072 AD 8E 40       DO0         LDA     TEMP
430:    4075 8D 21 D0                   STA     53281
440:    4078 AD 90 40                   LDA     TEMP+2
440:    407B 8D 91 40                   STA     TEMP+3
450:    407E 4C 31 EA       FINISH      JMP     $EA31
460:    4081 78             RESET       SEI
470:    4082 A9 31                      LDA     #49
```

```
480:    4084 8D 14 03          STA  788
490:    4087 A9 EA             LDA  #234
500:    4089 8D 15 03          STA  789
510:    408C 58                CLI
520:    408D 60                RTS
530:    408E          TEMP  =   *
14000-408E
```

READY.


```
B*
     PC   SR AC XR YR SP
.;97FE  72 00 00 40 F6
.
4000 20 FD AE       JSR $AEFD
4003 20 8A AD       JSR $AD8A
4006 20 F7 B7       JSR $B7F7
4009 A5 15          LDA $15
400B F0 03          BEQ $4010
400D 4C 48 B2       JMP $B248
4010 A5 14          LDA $14
4012 8D 8E 40       STA $408E
4015 20 FD AE       JSR $AEFD
4018 20 8A AD       JSR $AD8A
401B 20 F7 B7       JSR $B7F7
401E A5 15          LDA $15
4020 F0 03          BEQ $4025
4022 4C 48 B2       JMP $B248
4025 A5 14          LDA $14
4027 8D 8F 40       STA $408F
402A 20 FD AE       JSR $AEFD
402D 20 8A AD       JSR $AD8A
4030 20 F7 B7       JSR $B7F7
4033 A5 15          LDA $15
4035 F0 03          BEQ $403A
4037 4C 48 B2       JMP $B248
```

```
403A A5 14        LDA $14
403C F0 43        BEQ $4081
403E 8D 90 40     STA $4090
4041 78           SEI
4042 A9 54        LDA #$54
4044 8D 14 03     STA $0314
4047 A9 40        LDA #$40
4049 8D 15 03     STA $0315
404C 58           CLI
404D AD 90 40     LDA $4090
4050 8D 91 40     STA $4091
4053 60           RTS
4054 CE 91 40     DEC $4091
4057 D0 25        BNE $407E
4059 AD 21 D0     LDA $D021
405C 29 0F        AND #$0F
405E CD 8F 40     CMP $408F
4061 F0 0F        BEQ $4072
4063 AD 8F 40     LDA $408F
4066 8D 21 D0     STA $D021
4069 AD 90 40     LDA $4090
406C 8D 91 40     STA $4091
406F 4C 7E 40     JMP $407E
4072 AD 8E 40     LDA $408E
4075 8D 21 D0     STA $D021
4078 AD 90 40     LDA $4090
407B 8D 91 40     STA $4091
407E 4C 31 EA     JMP $EA31
4081 78           SEI
4082 A9 31        LDA #$31
4084 8D 14 03     STA $0314
4087 A9 EA        LDA #$EA
4089 8D 15 03     STA $0315
408C 58           CLI
408D 60           RTS
```
.

36. Flash border

This routine does the same as the flash screen routine except that the border is flashed.

The syntax is as follows:

SYS16384,colour1,colour2,rate

Setting the rate to 0 turns off the flash.

```
PAL  (C)1979 BRAD TEMPLETON
2
20:      4000                        .OPT  P,OO
30:      4000                        *=    $4000
                              ; SYNTAX
                              ; SYSFLASH,COLOUR1,
                              ; COLOUR2,NO OF
                              ; CHANGES A SECOND
50:      4000 20 FD AE                JSR   $AEFD
70:      4003 20 8A AD                JSR   $AD8A
80:      4006 20 F7 B7                JSR   $B7F7
90:      4009 A5 15                   LDA   $15
90:      400B F0 03                   BEQ   MORE
90:      400D 4C 48 B2                JMP   $B248
100:     4010 A5 14          MORE    LDA   $14
101:     4012 8D 8E 40                STA   TEMP
102:     4015 20 FD AE                JSR   $AEFD
110:     4018 20 8A AD                JSR   $AD8A
120:     401B 20 F7 B7                JSR   $B7F7
130:     401E A5 15                   LDA   $15
140:     4020 F0 03                   BEQ   MORE1
150:     4022 4C 48 B2                JMP   $B248
```

```
160:    4025 A5 14       MORE1    LDA    #14
170:    4027 8D 8F 40             STA    TEMP+1
180:    402A 20 FD AE             JSR    $AEFD
190:    402D 20 8A AD             JSR    $AD8A
200:    4030 20 F7 B7             JSR    $B7F7
210:    4033 A5 15                LDA    #15
220:    4035 F0 03                BEQ    MORE2
230:    4037 4C 48 B2             JMP    $B248
240:    403A A5 14       MORE2    LDA    #14
240:    403C F0 43                BEQ    RESET
250:    403E 8D 90 40             STA    TEMP+2
250:    4041 78                   SEI
260:    4042 A9 54                LDA    #<MAIN
270:    4044 8D 14 03             STA    788
280:    4047 A9 40                LDA    #>MAIN
290:    4049 8D 15 03             STA    789
300:    404C 58                   CLI
310:    404D AD 90 40             LDA    TEMP+2
310:    4050 8D 91 40             STA    TEMP+3
320:    4053 60                   RTS
330:    4054            MAIN      =      *
340:    4054 CE 91 40             DEC    TEMP+3
350:    4057 D0 25                BNE    FINISH
360:    4059 AD 20 D0             LDA    53280
360:    405C 29 0F                AND    #15
370:    405E CD 8F 40             CMP    TEMP+1
380:    4061 F0 0F                BEQ    DO0
390:    4063 AD 8F 40             LDA    TEMP+1
400:    4066 8D 20 D0             STA    53280
400:    4069 AD 90 40             LDA    TEMP+2
400:    406C 8D 91 40             STA    TEMP+3
410:    406F 4C 7E 40             JMP    FINISH
420:    4072 AD 8E 40   DO0       LDA    TEMP
430:    4075 8D 20 D0             STA    53280
440:    4078 AD 90 40             LDA    TEMP+2
440:    407B 8D 91 40             STA    TEMP+3
450:    407E 4C 31 EA   FINISH    JMP    $EA31
460:    4081 78         RESET     SEI
470:    4082 A9 31                LDA    #49
480:    4084 8D 14 03             STA    788
490:    4087 A9 EA                LDA    #234
```

```
500:   4089 8D 15 03        STA  789
510:   408C 58              CLI
520:   408D 60              RTS
530:   408E         TEMP  =   *
14000-408E
```

READY.

```
B*
     PC   SR AC XR YR SP
.;97FE 72 00 00 40 F6
.
4000 20 FD AE        JSR $AEFD
4003 20 8A AD        JSR $AD8A
4006 20 F7 B7        JSR $B7F7
4009 A5 15           LDA $15
400B F0 03           BEQ $4010
400D 4C 48 B2        JMP $B248
4010 A5 14           LDA $14
4012 8D 8E 40        STA $408E
4015 20 FD AE        JSR $AEFD
4018 20 8A AD        JSR $AD8A
401B 20 F7 B7        JSR $B7F7
401E A5 15           LDA $15
4020 F0 03           BEQ $4025
4022 4C 48 B2        JMP $B248
4025 A5 14           LDA $14
4027 8D 8F 40        STA $408F
402A 20 FD AE        JSR $AEFD
402D 20 8A AD        JSR $AD8A
4030 20 F7 B7        JSR $B7F7
4033 A5 15           LDA $15
4035 F0 03           BEQ $403A
4037 4C 48 B2        JMP $B248
403A A5 14           LDA $14
403C F0 43           BEQ $4081
403E 8D 90 40        STA $4090
```

```
4041 78              SEI
4042 A9 54           LDA #$54
4044 8D 14 03        STA $0314
4047 A9 40           LDA #$40
4049 8D 15 03        STA $0315
404C 58              CLI
404D AD 90 40        LDA $4090
4050 8D 91 40        STA $4091
4053 60              RTS
4054 CE 91 40        DEC $4091
4057 D0 25           BNE $407E
4059 AD 20 D0        LDA $D020
405C 29 0F           AND #$0F
405E CD 8F 40        CMP $408F
4061 F0 0F           BEQ $4072
4063 AD 8F 40        LDA $408F
4066 8D 20 D0        STA $D020
4069 AD 90 40        LDA $4090
406C 8D 91 40        STA $4091
406F 4C 7E 40        JMP $407E
4072 AD 8E 40        LDA $408E
4075 8D 20 D0        STA $D020
4078 AD 90 40        LDA $4090
407B 8D 91 40        STA $4091
407E 4C 31 EA        JMP $EA31
4081 78              SEI
4082 A9 31           LDA #$31
4084 8D 14 03        STA $0314
4087 A9 EA           LDA #$EA
4089 8D 15 03        STA $0315
408C 58              CLI
408D 60              RTS
```

37. Flash characters

This routine flashes (or reverses) all the characters on the screen at a specified rate.

The syntax is as follows:

SYS 16384,rate

Setting the rate to 0 turns off the flash.

```
PAL    (C)1979  BRAD TEMPLETON
2
20:        4000                       .OPT  P,00
30:        4000                       *=    $4000
                              ;
                              ;SYNTAX FLASH 1 OR
                              ;0
                              ;
70:        4000 20 FD AE      JSR   $AEFD

80:        4003 20 8A AD      JSR   $AD8A

90:        4006 20 F7 B7      JSR   $B7F7

100:       4009 A5 14         LDA   $14
110:       400B F0 13         BEQ   RESET

120:       400D 8D 67 40      STA   TEMP
120:       4010 8D 68 40      STA   TEMP+
1
130:       4013 78            SEI
140:       4014 A9 2D         LDA   #<MAI
N
```

```
150:      4016 8D 14 03             STA    788
160:      4019 A9 40                LDA    #>MAIN
170:      401B 8D 15 03             STA    789
180:      401E 58                   CLI
190:      401F 60                   RTS
200:      4020 78         RESET     SEI
220:      4021 A9 31                LDA    #49
230:      4023 8D 14 03             STA    788
240:      4026 A9 EA                LDA    #234
250:      4028 8D 15 03             STA    789
260:      402B 58                   CLI
270:      402C 60                   RTS
290:      402D CE 68 40   MAIN      DEC    TEMP+1
300:      4030 F0 03                BEQ    MORE
310:      4032 4C 31 EA             JMP    $EA31

320:      4035 AD 67 40   MORE      LDA    TEMP
330:      4038 8D 68 40             STA    TEMP+1
                                ;
                                ; INVERT CHARACTERS
                                ;
370:      403B A2 00                LDX    #0
380:      403D BD 00 04   LOOP      LDA    1024,X
390:      4040 18                   CLC
400:      4041 69 80                ADC    #128
410:      4043 9D 00 04             STA    1024,X
                                ;
430:      4046 BD FF 04             LDA    1024+255,X
440:      4049 18                   CLC
450:      404A 69 80                ADC    #128
460:      404C 9D FF 04             STA    1024+255,X
                                ;
480:      404F BD FE 05             LDA    1024+
```

```
                                255+255,X
490:        4052 18                         CLC
500:        4053 69 80                      ADC     #128
510:        4055 9D FE 05                   STA     1024+
255+255,X
                                    ;
530:        4058 BD FD 06                   LDA     1024+
255+255+255,X
540:        405B 18                         CLC
550:        405C 69 80                      ADC     #128
560:        405E 9D FD 06                   STA     1024+
255+255+255,X
570:        4061 E8                         INX
580:        4062 D0 D9                      BNE     LOOP
590:        4064 4C 31 EA                   JMP     $EA31

600:        4067                TEMP    =   *
14000-4067

READY.




            B*
              PC   SR AC XR YR SP
            .197FE 72 00 00 40 F6
            .
            4000 20 FD AE       JSR  $AEFD
            4003 20 8A AD       JSR  $AD8A
            4006 20 F7 B7       JSR  $B7F7
            4009 A5 14          LDA  $14
            400B F0 13          BEQ  $4020
            400D 8D 67 40       STA  $4067
            4010 8D 68 40       STA  $4068
            4013 78             SEI
            4014 A9 2D          LDA  #$2D
            4016 8D 14 03       STA  $0314
            4019 A9 40          LDA  #$40
            401B 8D 15 03       STA  $0315
            401E 58             CLI
```

```
401F 60              RTS
4020 78              SEI
4021 A9 31           LDA #$31
4023 8D 14 03        STA $0314
4026 A9 EA           LDA #$EA
4028 8D 15 03        STA $0315
402B 58              CLI
402C 60              RTS
402D CE 68 40        DEC $4068
4030 F0 03           BEQ $4035
4032 4C 31 EA        JMP $EA31
4035 AD 67 40        LDA $4067
4038 8D 68 40        STA $4068
403B A2 00           LDX #$00
403D BD 00 04        LDA $0400,X
4040 18              CLC
4041 69 80           ADC #$80
4043 9D 00 04        STA $0400,X
4046 BD FF 04        LDA $04FF,X
4049 18              CLC
404A 69 80           ADC #$80
404C 9D FF 04        STA $04FF,X
404F BD FE 05        LDA $05FE,X
4052 18              CLC
4053 69 80           ADC #$80
4055 9D FE 05        STA $05FE,X
4058 BD FD 06        LDA $06FD,X
405B 18              CLC
405C 69 80           ADC #$80
405E 9D FD 06        STA $06FD,X
4061 E8              INX
4062 D0 D9           BNE $403D
4064 4C 31 EA        JMP $EA31
4067 20 D0 AD        JSR $ADD0
```

.

38. Flash colour

This routine flashes the colour of the characters between two specified colours at a specified rate.

The syntax is as follows:

SYS 16384,colour1,colour2,rate

A rate of zero turns off the flash.

```
PAL (C)1979 BRAD TEMPLETON
2
20:     4000                        .OPT P,OO
30:     4000                        *=     $4000
                                ;
                                ;SYNTAX
                                ; SYSFLASH,COLOUR1
                                ; ,COLOUR2,NO OF
                                ; CHANGES A SECOND

80:     4000 20 FD AE               JSR    $AEFD

90:     4003 20 8A AD               JSR    $AD8A

100:    4006 20 F7 B7               JSR    $B7F7

110:    4009 A5 15                  LDA    $15
110:    400B F0 03                  BEQ    MORE
110:    400D 4C 48 B2               JMP    $B248

120:    4010 A5 14          MORE    LDA    $14
130:    4012 8D A5 40               STA    TEMP
140:    4015 20 FD AE               JSR    $AEFD
```

```
150:    4018 20 8A AD                JSR    $AD8A

160:    401B 20 F7 B7                JSR    $B7F7

170:    401E A5 15                   LDA    $15
180:    4020 F0 03                   BEQ    MORE1

190:    4022 4C 48 B2                JMP    $B248

200:    4025 A5 14       MORE1       LDA    $14
210:    4027 8D A6 40                STA    TEMP+1
220:    402A 20 FD AE                JSR    $AEFD

230:    402D 20 8A AD                JSR    $AD8A

240:    4030 20 F7 B7                JSR    $B7F7

250:    4033 A5 15                   LDA    $15
260:    4035 F0 03                   BEQ    MORE2

270:    4037 4C 48 B2                JMP    $B248

280:    403A A5 14       MORE2       LDA    $14
280:    403C F0 59                   BEQ    RESET

290:    403E 8D A7 40                STA    TEMP+2
290:    4041 78                      SEI
300:    4042 A9 54                   LDA    #<MAIN
310:    4044 8D 14 03                STA    788
320:    4047 A9 40                   LDA    #>MAIN
330:    4049 8D 15 03                STA    789
340:    404C 58                      CLI
350:    404D AD A7 40                LDA    TEMP+2
350:    4050 8D A8 40                STA    TEMP+3
360:    4053 60                      RTS
```

```
370:     4054                MAIN      =     *
380:     4054 CE A8 40                 DEC   TEMP+3
390:     4057 D0 29                    BNE   FINISH
400:     4059 AD A4 40                 LDA   STORE

410:     405C CD A6 40                 CMP   TEMP+1
420:     405F F0 12                    BEQ   DO0
                                 ;
440:     4061 AD A6 40                 LDA   TEMP+1
450:     4064 8D A4 40                 STA   STORE

460:     4067 20 85 40                 JSR   FILL
470:     406A AD A7 40                 LDA   TEMP+2
480:     406D 8D A8 40                 STA   TEMP+3
490:     4070 4C 82 40                 JMP   FINISH
                                 ;
510:     4073 AD A5 40 DO0             LDA   TEMP
520:     4076 8D A4 40                 STA   STORE

530:     4079 20 85 40                 JSR   FILL
540:     407C AD A7 40                 LDA   TEMP+2
550:     407F 8D A8 40                 STA   TEMP+3
                                 ;
570:     4082 4C 31 EA FINISH          JMP   $EA31

                                 ;
590:     4085 A2 00    FILL            LDX   #0
600:     4087 9D 00 D8 LOOP            STA   55296,X
610:     408A 9D FF D8                 STA   55296+255,X
620:     408D 9D FE D9                 STA   55296
```

```
          +255+255,X
630:      4090 9D FD DA              STA    55296
          +255+255+255,X
640:      4093 E8                    INX
650:      4094 D0 F1                 BNE    LOOP
660:      4096 60                    RTS
                               ;
                               ;
690:      4097 78          RESET     SEI
700:      4098 A9 31                 LDA    #49
710:      409A 8D 14 03              STA    788
720:      409D A9 EA                 LDA    #234
730:      409F 8D 15 03              STA    789
740:      40A2 58                    CLI
750:      40A3 60                    RTS
760:      40A4 00          STORE     .BYT   0
770:      40A5             TEMP      =      *
14000-40A5
```

READY.


```
B*
      PC   SR AC XR YR SP
.;97FE 72 00 00 40 F6
.
4000 20 FD AE        JSR $AEFD
4003 20 8A AD        JSR $AD8A
4006 20 F7 B7        JSR $B7F7
4009 A5 15           LDA $15
400B F0 03           BEQ $4010
400D 4C 48 B2        JMP $B248
4010 A5 14           LDA $14
4012 8D A5 40        STA $40A5
4015 20 FD AE        JSR $AEFD
4018 20 8A AD        JSR $AD8A
401B 20 F7 B7        JSR $B7F7
401E A5 15           LDA $15
4020 F0 03           BEQ $4025
```

```
4022  4C 48 B2      JMP $B248
4025  A5 14         LDA $14
4027  8D A6 40      STA $40A6
402A  20 FD AE      JSR $AEFD
402D  20 8A AD      JSR $AD8A
4030  20 F7 B7      JSR $B7F7
4033  A5 15         LDA $15
4035  F0 03         BEQ $403A
4037  4C 48 B2      JMP $B248
403A  A5 14         LDA $14
403C  F0 59         BEQ $4097
403E  8D A7 40      STA $40A7
4041  78            SEI
4042  A9 54         LDA #$54
4044  8D 14 03      STA $0314
4047  A9 40         LDA #$40
4049  8D 15 03      STA $0315
404C  58            CLI
404D  AD A7 40      LDA $40A7
4050  8D A8 40      STA $40A8
4053  60            RTS
4054  CE A8 40      DEC $40A8
4057  D0 29         BNE $4082
4059  AD A4 40      LDA $40A4
405C  CD A6 40      CMP $40A6
405F  F0 12         BEQ $4073
4061  AD A6 40      LDA $40A6
4064  8D A4 40      STA $40A4
4067  20 85 40      JSR $4085
406A  AD A7 40      LDA $40A7
406D  8D A8 40      STA $40A8
4070  4C 82 40      JMP $4082
4073  AD A5 40      LDA $40A5
4076  8D A4 40      STA $40A4
4079  20 85 40      JSR $4085
407C  AD A7 40      LDA $40A7
407F  8D A8 40      STA $40A8
4082  4C 31 EA      JMP $EA31
4085  A2 00         LDX #$00
4087  9D 00 D8      STA $D800,X
408A  9D FF D8      STA $D8FF,X
```

```
408D 9D FE D9      STA $D9FE,X
4090 9D FD DA      STA $DAFD,X
4093 E8            INX
4094 D0 F1         BNE $4087
4096 60            RTS
4097 78            SEI
4098 A9 31         LDA #$31
409A 8D 14 03      STA $0314
409D A9 EA         LDA #$EA
409F 8D 15 03      STA $0315
40A2 58            CLI
40A3 60            RTS
40A4 00            BRK
```

39. Print at

This routine allows you to print at any position on the screen without using lots of cursor controls.

The syntax is as follows:

SYS960,X,Y,"text"

X is the column to start at and is between 0 and 39. Y is the row to start at and is between 0 and 24. The text can be text in quotes, strings, numbers, variables or any other legal print statement.

```
PAL (C)1979 BRAD TEMPLETON
2
 20:      03C0                          .OPT P,00
 30:      03C0                         *=    960
                                  ;
                                  ;PRINT AT ROUTINE
 60:      03C0 20 FD AE             JSR  $AEFD
 70:      03C3 20 9E B7             JSR  $B79E
 80:      03C6 8A                   TXA
 90:      03C7 48                   PHA
100:      03C8 20 FD AE             JSR  $AEFD
110:      03CB 20 9E B7             JSR  $B79E
120:      03CE 8A                   TXA
130:      03CF A8                   TAY
140:      03D0 68                   PLA
150:      03D1 AA                   TAX
160:      03D2 18                   CLC
170:      03D3 20 F0 FF             JSR  $FFF0
180:      03D6 20 FD AE             JSR  $AEFD
190:      03D9 4C A0 AA             JMP  $AAA0
```

```
200:    03DC 00                 BRK
.03C0-03DD

READY.




              B*
                 PC   SR AC XR YR SP
              .;97FE 72 00 00 40 F6
              .
              03C0 20 FD AE      JSR $AEFD
              03C3 20 9E B7      JSR $B79E
              03C6 8A            TXA
              03C7 48            PHA
              03C8 20 FD AE      JSR $AEFD
              03CB 20 9E B7      JSR $B79E
              03CE 8A            TXA
              03CF A8            TAY
              03D0 68            PLA
              03D1 AA            TAX
              03D2 18            CLC
              03D3 20 F0 FF      JSR $FFF0
              03D6 20 FD AE      JSR $AEFD
              03D9 4C A0 AA      JMP $AAA0
              03DC 00            BRK
              .
```

40. Split screen

This routine sets up a raster scan that allows the text and high res screen to coexist at the same time. You can specify where the cut is to take place and whether text or high res is at the top.

The syntax is as follows:

SYS 16384, line for change, option

where line is the line down the screen (the same as the Y coordinates for plot) and option is 1 for the text to be at the top and 0 for the text to be at the bottom. If line has the value 0 then the raster is switched off. The line number must be in the range 50 to 249.

```
PAL (C)1979 BRAD TEMPLETON
2
 20:    4000                        .OPT P,00
 30:    4000                        *=    $4000
                            ;
                            ;RASTER TO ALLOW SPLIT
                            ;SCREENS
                            ;SYNTAX
                            ;
                            ;SYS16384,CHANGE,1=
                            ;TEXT/0=HIRES
110:    4000 20 FD AE               JSR   $AEFD
120:    4003 20 8A AD               JSR   $AD8A
130:    4006 20 F7 B7               JSR   $B7F7
                            ;
150:    4009 A5 15                  LDA   $15
160:    400B D0 2B                  BNE   IQERR
170:    400D A5 14                  LDA   $14
180:    400F D0 03                  BNE   MOR
180:    4011 4C A5 40               JMP   RESET
```

190:	4014 C9 31	MOR	CMP	#49
200:	4016 90 20		BCC	IQERR
210:	4018 C9 FA		CMP	#250
220:	401A B0 1C		BCS	IQERR
230:	401C 8D FE 40		STA	TEMP
250:	401F 20 FD AE		JSR	$AEFD
260:	4022 20 8A AD		JSR	$AD8A
270:	4025 20 F7 B7		JSR	$B7F7
280:	4028 A5 15		LDA	$15
290:	402A D0 0C		BNE	IQERR
300:	402C A5 14		LDA	$14
310:	402E C9 02		CMP	#2
320:	4030 B0 06		BCS	IQERR
330:	4032 8D FF 40		STA	TEMP+1
340:	4035 4C 3B 40		JMP	MORE
350:	4038 4C 48 B2	IQERR	JMP	$B248
360:	403B AD FE 40	MORE	LDA	TEMP
370:	403E 8D F8 40		STA	RASTER
380:	4041 AD FF 40		LDA	TEMP+1
390:	4044 C9 01		CMP	#1
400:	4046 F0 17		BEQ	TEXTTOP
410:	4048 A9 08		LDA	#8
410:	404A A2 15		LDX	#21
420:	404C 8D FA 40		STA	TEXT
420:	404F 8E FB 40		STX	TEXT+1
430:	4052 A9 3B		LDA	#59
430:	4054 A2 1B		LDX	#27
440:	4056 8D FC 40		STA	HIRES
440:	4059 8E FD 40		STX	HIRES+1
450:	405C 4C 73 40		JMP	SETUP
460:	405F A9 15	TEXTTOP	LDA	#21
460:	4061 A2 08		LDX	#8
470:	4063 8D FA 40		STA	TEXT
470:	4066 8E FB 40		STX	TEXT+1
480:	4069 A9 1B		LDA	#27
480:	406B A2 3B		LDX	#59
490:	406D 8D FC 40		STA	HIRES
490:	4070 8E FD 40		STX	HIRES+1
		;		
510:	4073	SETUP	=	*

```
520:   4073 78                        SEI
530:   4074 A9 7F                     LDA   #$7F
540:   4076 8D 0D DC                  STA   $DC0D
550:   4079 A9 01                     LDA   #$01
560:   407B 8D 1A D0                  STA   $D01A
570:   407E A9 02                     LDA   #$02
580:   4080 85 FB                     STA   $FB
590:   4082 AD F8 40                  LDA   RASTER
600:   4085 8D 12 D0                  STA   $D012
610:   4088 A9 18                     LDA   #$18
620:   408A 8D 11 D0                  STA   $D011
630:   408D AD 14 03                  LDA   $0314
640:   4090 8D F6 40                  STA   FIN-2
650:   4093 AD 15 03                  LDA   $0315
660:   4096 8D F7 40                  STA   FIN-1
670:   4099 A9 C6                     LDA   #<MAIN
680:   409B 8D 14 03                  STA   788
690:   409E A9 40                     LDA   #>MAIN
700:   40A0 8D 15 03                  STA   789
710:   40A3 58                        CLI
720:   40A4 60                        RTS
730:   40A5 78           RESET        SEI
730:   40A6 A9 31                     LDA   #49
740:   40A8 8D 14 03                  STA   788
750:   40AB A9 EA                     LDA   #234
750:   40AD 8D 15 03                  STA   789
760:   40B0 A9 15                     LDA   #21
760:   40B2 8D 18 D0                  STA   53272
770:   40B5 A9 1B                     LDA   #27
770:   40B7 8D 11 D0                  STA   53265
780:   40BA A9 00                     LDA   #0
780:   40BC 8D 1A D0                  STA   $D01A
790:   40BF A9 80                     LDA   #128
790:   40C1 8D 0D DC                  STA   56333
800:   40C4 58                        CLI
800:   40C5 60                        RTS
810:   40C6 AD 19 D0     MAIN         LDA   $D019
820:   40C9 8D 19 D0                  STA   $D019
830:   40CC 29 01                     AND   #$01
840:   40CE F0 1F                     BEQ   LOOP
850:   40D0 C6 FB                     DEC   $FB
```

```
860:    40D2 10 04              BPL  LOOP9
870:    40D4 A9 01              LDA  #$01
880:    40D6 85 FB              STA  $FB
890:    40D8 A6 FB      LOOP9   LDX  $FB
900:    40DA BD F8 40           LDA  RASTER,X
910:    40DD 8D 12 D0           STA  $D012
920:    40E0 BD FA 40           LDA  TEXT,X
930:    40E3 8D 18 D0           STA  53272
940:    40E6 BD FC 40           LDA  HIRES,X
950:    40E9 8D 11 D0           STA  $D011
960:    40EC 8A                 TXA
970:    40ED F0 06              BEQ  LOOP1
980:    40EF 68         LOOP    PLA
990:    40F0 A8                 TAY
1000:   40F1 68                 PLA
1010:   40F2 AA                 TAX
1020:   40F3 68                 PLA
1030:   40F4 40                 RTI
1040:   40F5 4C 31 EA   LOOP1   JMP  $EA31
1040:   40F8            FIN     =    *
1050:   40F8 96 00      RASTER  .BYT 150,0
1060:   40FA 08 15      TEXT    .BYT 8,21
1070:   40FC 3B 1B      HIRES   .BYT 59,27
1080:   40FE 00 00      TEMP    .WORD0
]4000-4100
```

READY.

```
            4000 20 FD AE       JSR  $AEFD
            4003 20 8A AD       JSR  $AD8A
            4006 20 F7 B7       JSR  $B7F7
            4009 A5 15          LDA  $15
            400B D0 2B          BNE  $4038
            400D A5 14          LDA  $14
            400F D0 03          BNE  $4014
            4011 4C A5 40       JMP  $40A5
            4014 C9 31          CMP  #$31
```

```
4016 90 20       BCC  $4038
4018 C9 FA       CMP  #$FA
401A B0 1C       BCS  $4038
401C 8D FE 40    STA  $40FE
401F 20 FD AE    JSR  $AEFD
4022 20 8A AD    JSR  $AD8A
4025 20 F7 B7    JSR  $B7F7
4028 A5 15       LDA  $15
402A D0 0C       BNE  $4038
402C A5 14       LDA  $14
402E C9 02       CMP  #$02
4030 B0 06       BCS  $4038
4032 8D FF 40    STA  $40FF
4035 4C 3B 40    JMP  $403B
4038 4C 48 B2    JMP  $B248
403B AD FE 40    LDA  $40FE
403E 8D F8 40    STA  $40F8
4041 AD FF 40    LDA  $40FF
4044 C9 01       CMP  #$01
4046 F0 17       BEQ  $405F
4048 A9 08       LDA  #$08
404A A2 15       LDX  #$15
404C 8D FA 40    STA  $40FA
404F 8E FB 40    STX  $40FB
4052 A9 3B       LDA  #$3B
4054 A2 1B       LDX  #$1B
4056 8D FC 40    STA  $40FC
4059 8E FD 40    STX  $40FD
405C 4C 73 40    JMP  $4073
405F A9 15       LDA  #$15
4061 A2 08       LDX  #$08
4063 8D FA 40    STA  $40FA
4066 8E FB 40    STX  $40FB
4069 A9 1B       LDA  #$1B
406B A2 3B       LDX  #$3B
406D 8D FC 40    STA  $40FC
4070 8E FD 40    STX  $40FD
4073 78          SEI
4074 A9 7F       LDA  #$7F
4076 8D 0D DC    STA  $DC0D
4079 A9 01       LDA  #$01
```

```
407B 8D 1A D0    STA $D01A
407E A9 02       LDA #$02
4080 85 FB       STA $FB
4082 AD F8 40    LDA $40F8
4085 8D 12 D0    STA $D012
4088 A9 18       LDA #$18
408A 8D 11 D0    STA $D011
408D AD 14 03    LDA $0314
4090 8D F6 40    STA $40F6
4093 AD 15 03    LDA $0315
4096 8D F7 40    STA $40F7
4099 A9 C6       LDA #$C6
409B 8D 14 03    STA $0314
409E A9 40       LDA #$40
40A0 8D 15 03    STA $0315
40A3 58          CLI
40A4 60          RTS
40A5 78          SEI
40A6 A9 31       LDA #$31
40A8 8D 14 03    STA $0314
40AB A9 EA       LDA #$EA
40AD 8D 15 03    STA $0315
40B0 A9 15       LDA #$15
40B2 8D 18 D0    STA $D018
40B5 A9 1B       LDA #$1B
40B7 8D 11 D0    STA $D011
40BA A9 00       LDA #$00
40BC 8D 1A D0    STA $D01A
40BF A9 80       LDA #$80
40C1 8D 0D DC    STA $DC0D
40C4 58          CLI
40C5 60          RTS
40C6 AD 19 D0    LDA $D019
40C9 8D 19 D0    STA $D019
40CC 29 01       AND #$01
40CE F0 1F       BEQ $40EF
40D0 C6 FB       DEC $FB
40D2 10 04       BPL $40D8
40D4 A9 01       LDA #$01
40D6 85 FB       STA $FB
40D8 A6 FB       LDX $FB
```

```
40DA BD F8 40      LDA $40F8,X
40DD 8D 12 D0      STA $D012
40E0 BD FA 40      LDA $40FA,X
40E3 8D 18 D0      STA $D018
40E6 BD FC 40      LDA $40FC,X
40E9 8D 11 D0      STA $D011
40EC 8A            TXA
40ED F0 06         BEQ $40F5
40EF 68            PLA
40F0 A8            TAY
40F1 68            PLA
40F2 AA            TAX
40F3 68            PLA
40F4 40            RTI
40F5 4C 31 EA      JMP $EA31
.
.
.:40F8 96 00 08 15 3B 1B 00 00
.
```

You may also enjoy...

Printed in Dunstable, United Kingdom